電影裡的

人權關鍵字

超級大國民
Super Citizen Ko

目錄 ————▶

【序】

　　國家人權博物館與富邦文教基金會合作出版《電影裡的關鍵字》。這份冊子是由我們籌組編輯委員會，精選影像內的 10 個關鍵字，邀請寫手撰寫相關內容。與一般條目或是名詞解釋的形式不同，關鍵字傳遞的訊息，並非只是資訊的整理，它呈現一種觀點，是我們認為推動人權教育，看待事情的角度，因此，關鍵字，是人權影像教育的一個新的嘗試，也是「媒體行動主義」的具體實踐。

　　當代社會快速攝取資訊的習慣以及緊湊的生活，讓我們不易關注與我們生活遙遠的事物，然而影像的優勢，讓我們在觀賞電影的當下，跨越時間、空間的限制，與影像的內容產生共感。人權館多年來一直嘗試透過影像進行人權教育，因為我們相信我們與影像的關係，不只存在於觀看影像的空間，若能將影像的影響，傳遞到我們的日常生活，則影像在社會中可以發揮不容忽視的改變。以《島國殺人紀事》為例，導演蔡崇隆透過紀錄片，說明蘇建和、劉秉郎、莊林勳三人在檢警調查、司法審判中的所遭遇到的種種不合理，在漫長的冤案救援，這部紀錄片是一個最好的敘事，發揮重要的影響力。

　　關鍵字與人權館每年舉辦的國際人權影展有關。2019 年的影展是新的嘗試，我們在選片的時候，有意識地思考除了做影展，要

如何將這些電影與教育現場結合，在這個脈絡下，我們產出了關鍵字手冊。手冊被賦予教學素材的意義，除了搭配電影可以做為老師上課的補充知識外，我們也期待每部電影選出的 10 個關鍵字，可以成為單篇閱讀的文章，讓老師以及學生可以在 4000 字左右的篇幅，瞭解什麼是人權、轉型正義等。例如《超級大國民》中的〈不義遺址〉，在不同的脈絡，不義遺址的定義有所差異。現在我們蒐集、消化，並以相對清楚易懂的文字，將不義遺址呈現出來，搭配同一本關鍵字的〈馬場町〉及前一本《第六十九信》中的〈六張犁墓區〉，將整個不義遺址的輪廓描繪出來。同時也是最重要的是每個關鍵字都有相應的提問以及教學提示，輔助老師的教學，相信對於影像結合人權教育有所幫助。

　　白色恐怖的研究汗牛充棟，如何選擇關鍵字非常不容易，加上要找到合適的寫手更為艱難，因此我要特別感謝編輯小組以及寫手的耐心，願意投入長時間的精神，推廣人權教育。也特別感謝富邦文教基金會，願意支持關鍵字手冊的計畫，將「媒體行動主義」化為可以被實踐的目標。希望這本書不只是開始，更能成為未來人權影展與教育現場結合的最佳典範。

國家人權博物館 館長　陳俊宏

【導讀】
修正不義，尋回尊嚴

文／王君琦

「霧散了，景物終於清晰，但是，為什麼都含著眼淚？」《超級大國民》的片頭字卡訴說的不只是主人翁許毅生的心情，也是這部以白色恐怖倖存者為主軸、以歷史切入政治的電影所企圖傳達的——撥開歷史的迷霧虛像以訴諸銀幕內外不同遭遇、不同時空的生命主體之間的情動連結。

《超級大國民》不刻劃許桑如何走過黑暗時代，而是強調他身為見證者與生還者的內在感受與道德責任——如果生還者尚且可以透過敘說而產生某種影響力，那麼替已然靜默的亡者說出他們的故事遂成為道德之必要，而這個必要感之所以出現，往往與生還者儘管事過境遷但仍無法自創傷之中走出直接相關。

　　在睡夢中被往事驚醒的許桑，再也無法無視歷史的逼近，懷
憂喪志的他，無法釋懷當年被刑求的自己竟將陳桑供出，使他因叛
亂罪而被處死，同時他也對自己的苟活感到愧疚不安，從此有身無
魂。這樣雙重的負罪感，讓他更強烈地擁抱死去的陳桑以贖回他在
歷史中的無名。許桑意識到他必須重返，而他透過獨白所揭示的，
不只是他的過往，也是無語死者的間接發聲，當然，這更是讓集體
記憶更為完整而立體的重要拼圖。

　　經歷過猶太大屠殺浩劫並曾於奧斯威辛集中營受難的義大利
籍猶太裔詩人普利摩‧李維（Primo Levi）曾說過，「無論是在我
們被解放之前還是之後，必須將我們的故事告訴其他人、讓其他人
參與的這股衝動，已經和基本生存需要一樣地迫切而激烈」。本書
中〈負罪的生還者〉與〈幻肢痛〉這兩篇文章分別從不同的角度切
入許桑的心理位置和狀態，讓我們了解《超級大國民》是如何透過
角色設計呈現出政治暴力所引起的心理創傷，以及歷經劫難的當事
人不同層次的內在經驗。

　　政治暴力所帶來的創傷，並非僅限於當事人，還包括家屬，
其所感受的驚惶和壓力除了是在親人遭受迫害的當下，也延伸至往
後的生活之中，汙名與歧視所帶來的全面性社會排除讓家屬與當事
人一樣同為受難者。〈獄外之囚〉羅列了歷史上的實例來映照《超

級大國民》裡許桑妻子與女兒在他入獄後所經歷的痛苦，以此彰顯創傷不只在當下橫向擴延，也縱向地傳遞給下一代。如果在陳桑的靈前致歉以及文字書寫是許桑直面創傷的方法，許桑女兒對他的質疑正是有苦不能言的壓抑回返。

　　歷史電影的意義與重要性在於劇情世界之外的歷史事件，《超級大國民》藉由生還者許桑對創傷的修通（working through），點出與白色恐怖有關的重要關鍵元素，包括警總、軍法處、參與讀書會的思想犯、二條一、馬場町、綠島等等，但有些關鍵元素卻不總是以往昔的樣貌出現，這也是為什麼本書除了有如〈二條一〉、〈馬場町〉等回顧歷史的文章之外，更要梳理從當年到當代所經歷的變化，好讓過去與現在疊影並置，成就一個完整的認同。〈不義遺址〉一文讓原本矗立在我們眼前的明亮風景有了歷史幽靈的魅影幢幢；〈戒嚴體制〉的討論不只回到 1987 年以前，還進一步深究了背後的意識形態，因為戒嚴不是歷史而是狀態，公權力的濫用依然隨時可能發生。是故，〈平反運動〉一文提醒我們，讓沉冤得以昭雪除了有讓受難者不再蒙受不白之冤的實質意義外，還有對國家權力保持警覺的象徵意義。〈補償條例〉則清楚揭示了賠償與補償字面意義背後邏輯的差異。歷史是一場詮釋觀點的競逐，決定史實如何被理解的是史觀，不當的史觀若在無形中被遮蔽，真相的尋得或理解的建立便會產生滯礙，唯有以人權的角度來理解並形塑過去政治暴

力的歷史，才能跳脫偏狹的政黨政治對歷史的綁架。

　　儘管《超級大國民》是以白色恐怖為核心建構出一個虛構故事，但卻不採取斷代史的手法，而是透過其他的次要角色進一步上溯到日殖時期的台籍日本兵，並下及至解嚴後出現的黑金政治，這除了是歷史本身的線性延展，也是各種母題的平行對照。〈台籍日本兵〉的人物顯影不單映照出倖存的政治受難者努力隱忍逃避但終究無法消弭內疚的矛盾態度，也凸顯出特定史觀如何影響著生還者的社會處境；而〈黑金政治〉則補充了台灣人民之所以對政治噤聲除了有白色恐怖所帶來的寒蟬效應之外，尚有對民主淪為權貴分贓的不信任，看似無甚相關的兩個現象其實都是當權者用以壓制人民介入方得鞏固政權的手段。

　　《超級大國民》讓我們再也不能天真且愚昧地只想一心向前，對歷史廢墟裡災靈的唭嘆甚或哭號充耳不聞、視而不見。在我們終於轉身面對過去之際，我們還要進一步思考我們是以什麼方式和態度面對過去，進而如何構築當代，走入未來。歷史電影的宗旨是要以虛構的故事為方法，透過刻劃特定歷史產生與這段歷史相關的各個主題的普遍性思考，正如書中的各篇文章從《超級大國民》延伸出對其他文本與歷史事件的討論。黑格爾（Georg Wilhelm Friedrich Hegel）曾說，「人類唯一從歷史中學到的教訓，就是人類無法從歷

史中學到教訓」，儘管我們不一定能從歷史中得到科學性的定律通則來避免重蹈覆轍，但起碼我們能透過歷史回返，修正過去的不義，找回生命原有的尊嚴。

戒嚴體制

文／孫世鐸

教學提示：

❶ 在1950年代初期，國民黨政府採取什麼樣的統治策略？當時的台灣究竟是民主國家、獨裁國家或處於緊急狀態下的國家？緊急狀態由誰來宣布？緊急狀態要如何解除？

❷ 為何台灣的戒嚴令可以持續三十八年之久，曾經被稱為世界上最久的戒嚴令？除了政治犯，一般人民的生活是否也受到戒嚴令的影響？

參考資料：

蘇瑞鏘，《白色恐怖在臺灣：戰後臺灣政治案件之處置》，稻鄉，2014
《觀·台灣》第 36 期「戒嚴日常」，國立台灣歷史博物館，2018

　　在《超級大國民》片中，許桑去找吳教授的時候，吳教授戴起了耳機，不回應許桑的問題。吳教授的太太解釋：「老番顛了啦！他從去年開始才變成這樣的，剛被關出來那幾年還好好地，他說以前是被騙去參加讀書會，說不能再亂說話，現在都已經解嚴了，我怎麼跟他說，他都不相信。常常說，他腦袋裡面被政府裝了電子偵測器，他如果想到政府的事，就會被政府接收到。現在每天戴著耳機，聽音樂，不知道怎麼會變成這樣！」

　　如同吳教授的太太所說，在現在這個已經解嚴的時代，我們可能會認為吳教授的舉動不可思議，或者認為至多只是因為吳教授曾經是政治犯，所以會有對政府的恐懼，但這種恐懼不可能發生在一般人身上。然而，若我們仔細觀察不同世代的人如何看待「政治」、如何理解「政治」，就不難發現，吳教授的舉動只是一種比較強烈的「反應」。即使解嚴至今已經三十多年，整個台灣社會都仍然籠罩在戒嚴的影響下，而對「政治」有著或輕或重、不一而足的「反應」。

　　舉例來說，在今天的台灣，各種街頭上的集會遊行已非常普遍，多數人也很習慣，認為是民主社會的常態。然而，我們有時仍然會聽到有些人說，遊行是一種「擾亂社會秩序」的事，或者是「台灣已經這麼亂了，為什麼還要一直鬧？」甚至於「還是以前戒嚴的

時代社會比較安定」。這樣的說法反映了在不同時代背景下成長，或接受了不同教育的人，對「理想社會」的不同認知。習慣於民主社會中各種意見交鋒的人，會把這種「眾聲喧嘩」視為一種應該珍視的價值，因為每一種聲音都有機會發出、被聽見；但看在習慣戒嚴時期單一價值主宰社會的人眼中，就往往會認為是一種「亂」，即便這些喧嘩其實並不會影響到他的日常生活。換句話說，在台灣，「戒嚴」不僅是一種狀態，因為戒嚴的時間長達 38 年，所以戒嚴其實影響了好幾個世代台灣人的世界觀，也讓民主化後的台灣社會，產生了許多新舊價值的衝突與矛盾。

●什麼是戒嚴？

那麼，究其根本而言，「戒嚴」這兩個字是什麼意思呢？

首先，我們必須認知到，一個國家行使政府權力時，必須有法律的依據且受到法律約束，以確保所有國民受憲法保障的各種權利不會遭到侵害。這樣的國家稱為「法治國」（rule of law），而一個民主自由的國家，其首要條件就必須是一個法治國。然而，由於國家可能會遇到天災、戰亂或某些讓社會秩序陷入混亂的特殊狀況與時期，這時就必須在既有的法律體系之外，制定必要的措施來處置緊急狀況，以維持社會安全與穩定。所謂的「戒嚴」，就是其

中一種專門用於應對「戰亂」的緊急措施，一個判斷的依據，是國家面臨明顯而立即的危險，也就是所謂的緊急狀態下，政府可以宣布進入戒嚴狀態。一般而言，在戒嚴的情況下，原本分別由行政單位和司法單位所掌控的行政權和司法權，都會交由軍隊接管。換句話說，在戒嚴之後，國家就進入了一種「臨時」的狀態，許多既有的法律被懸置不用，而不能再以一般日常的狀態運作。

那麼，你可能會感到很疑惑：如果是「臨時」的狀態，為什麼台灣的戒嚴會長達 38 年呢？

如果我們以中華民國政府曾經頒布過的戒嚴令來看，1947 年二二八事件爆發後，當時台灣的最高行政機關行政長官公署，便曾經在 3 月至 5 月間兩次頒布全台灣省戒嚴及解嚴。1948 年 12 月，由於國共內戰情勢對國民黨趨於不利，由總統蔣中正頒布了全國戒嚴令，但離戰區較遠的台灣則不在範圍內。到 1949 年 5 月，台灣省政府主席兼台灣省警備總司令陳誠頒布台灣省戒嚴令，中華民國中央政府在同年 12 月遷抵台灣，由於總統蔣中正下野，副總統李宗仁避走美國，由代行總統職權的行政院長閻錫山發布全國戒嚴令，行政院會並決議將台灣劃入前述全國戒嚴令的「接戰地域」（也就是戰爭實際發生的「戰場」），台灣因此進入國共內戰下的戰爭狀態，戒嚴便持續運作，直到 1987 年總統蔣經國頒布解除戒嚴令。

　　換句話說，儘管在 1958 年的八二三砲戰之後，國共之間就已經不再發生大型軍事衝突，甚至早在韓戰爆發時，美國第七艦隊駛入臺灣海峽，國共雙方幾乎已不可能在台灣本島發生戰爭。▼參考：《第六十九信》〈韓戰〉 然而國民黨政府仍然將中華民國統治的地區維持在作戰時期，並讓國民持續處在為戰爭動員，而非過日常生活的狀態。於是，本來應該屬於「臨時」的狀態變成了「日常」，戒嚴在台灣也因此不再只是一種應對戰亂的緊急措施，而成為了一種深深滲入台灣人生活各個角落的「體制」。不妨思考一下，既然國家已經沒有明顯而立即的危險，且長時間處於非戰爭狀態，為什麼國民黨政府還要持續戒嚴呢？

　　在《超級大國民》片中，導演使用了兩段閱兵的新聞畫面：第一段是日治時期，太平洋戰爭後期，日本政府徵召台灣青年到南洋作戰時▼參考：〈台籍日本兵〉 ；第二段則是中華民國政府遷台後，儘管並未實質進入戰爭狀態，仍然持續以大規模閱兵號召國民「反攻大陸去」，坦克車直衝銀幕前的觀眾而來。這兩段新聞畫面的對照，就呈顯出戰後台灣戒嚴體制把臨時狀態「日常化」的本質。

　　如同前述，法治國必須確保國民的權利不受政府侵害，因此在法治國，即使政府要進入戒嚴狀態，也應該有法律的依據。以此而言，國民黨政府在台灣宣布戒嚴的依據應該是《戒嚴法》，儘管

解嚴至今已經三十多年了，作為戒嚴依據的《戒嚴法》依舊存在，就是因為緊急應對戰亂的需求始終存在，但《戒嚴法》第十二條也清楚的說明：「戒嚴之情況終止或經立法院決議移請總統解嚴時，應即宣告解嚴，自解嚴之日起，一律回復原狀。」然而，值得我們注意的是，《戒嚴法》所規範的戒嚴，有「由總統宣告戒嚴」以及「在某一地域由陸海空軍最高司令官宣告臨時戒嚴」兩種情形。從法源的規定內容來看，我們可以發現前面提到，台灣省戒嚴令是由「台灣省警備總司令」頒布，顯然可判斷是屬於「臨時戒嚴」，似乎不足以作為長期戒嚴的法律依據。此外，《戒嚴法》也規範了無論是前述兩種情形的任何一種，戒嚴的宣告都必須提交立法院追認。然而，到目前為止，我們也尚未從史料中發現，台灣省戒嚴令曾經經過立法院的追認，反倒是前面提到行政院將台灣劃入接戰地域的決議曾經提交立法院追認。

　　儘管這樣看起來，「戒嚴」的實施經過相當複雜的法律程序，似乎離一般人民的日常生活很遙遠，然而隨著戒嚴的實施，國民黨政府在台灣陸續頒布了許多相關法令，也讓許多今天我們習以為常的事，在戒嚴時期受到了許多限制。同樣以前面提到的集會遊行來說，由於在台灣省戒嚴令頒布一週後，政府就公布了〈戒嚴期間防止非法集會結社遊行請願罷課罷工罷市罷業等規定實施辦法〉，所以在戒嚴期間，各種集會遊行都是非法的。從這個角度出發，我們

就不難想像，如果一個人生活在一個「沒有集會遊行」的世界裡很長一段時間，自然會認為這樣的世界是比較正常的，而一個「有集會遊行」的世界是吵鬧、紛亂的。這也就是為什麼前面會提到，生活在當下台灣的我們，得面對許多價值衝突。

●戒嚴體制下的社會控制

1980 年代後期，隨著民主化的呼聲逐漸興起，國民黨政府已經不容易再完全壓制所有的集會遊行發生，所以除了在遊行現場透過軍警鎮壓參與者之外，為了確保社會上多數民眾仍然認同那個「沒有集會遊行的世界」，就必須透過媒體，操作「遊行參與者都是暴民」的輿論。事實上，從戒嚴的實施開始，媒體控制，乃至於言論和思想的各種管制，就是戒嚴體制相當重要的一環。

從 1950 年到 1951 年，政府陸續停止新報紙登記（限證）、限制既有的報紙發行張數（限張）、印刷廠只能在一地（限印），也就是所謂「三限」的報禁政策。1953 年，政府公布〈台灣省戒嚴期間新聞紙雜誌圖書管制辦法〉，開始查禁各種書籍雜誌，讓人民逐漸失去了出版自由。這些管制措施長年運作下來，造成了兩方面的重大影響：一方面，每個人在日常生活中的資訊管道被限縮，只能接觸到被篩選過的訊息，不僅價值觀趨於單一化，也無法像現在

一樣，經由和不同想法的人交流互動，而得到思想上的增長。另一方面，各種媒體只能站在親政府的立場，一旦出現批判政府的媒體，就會立即受到鎮壓。同樣地，我們也不難想像，如果一個人生活在一個「只有一種聲音」的世界裡很長一段時間，自然會認為這樣的世界是比較正常的，而一個「有很多種聲音」的世界是吵鬧、紛亂的。

　　除了各種禁止與管制措施外，在戒嚴體制下，國民黨政府也在教育體系中，推動許多「積極」的作為，讓台灣人從小就接受「只有一種聲音」的教育。包括在大學和中學校園中設置軍訓教官、推動軍訓教育；設置「人二室」（「人事室第二辦公室」的簡稱），對師生思想言行進行監控，也就是我們常聽到的「保密防諜」；乃至於強硬推行國語，透過語言強制來進行思想管控，包括在校園中禁止使用國語以外的本土語言，藉由「糾察隊」讓學生互相監視，只要說了國語以外的本土語言，不但會遭到體罰，還可能被罰錢。種種措施讓戒嚴時期出生、成長的每個台灣人，從小到大，都生活在一套非常「完整」的思想與行為控制系統中，進而無庸置疑地成為這套系統的服膺者。而在這套系統中取得政治經濟地位者，更不會質疑這套系統的合理或合法性。

　　在這樣的情況下，大多數沒有掌握權力的一般人，卻很容易

替掌權者著想，站在擁有權力的人的角度思考。舉例來說，在一個法治社會中，警察要逮捕任何一個人，都必須要有充足的法律依據與正當程序；但時至今日，在台灣社會中，仍然有很多人會說：「如果沒有做壞事，為什麼要怕警察抓？」如同前面提到，透過對集會遊行的看法，我們可以觀察到台灣人對「理想社會」的不同認知，「警察抓人」的例子，也會讓我們發現台灣人對「人民和政府的關係」的不同認知。比較認同民主體制的人，會認為政府的公權力是由人民賦予的，所以扮演的角色比較接近「人民公僕」，在行使公權力時也就必須謹慎、節制，不能輕易地以公共利益為名，侵害人民受到憲法保障的權利；相對地，比較認同戒嚴體制高強度運作下威權統治的人，則會認為政府的公權力是與生俱來的，所以扮演的角色比較接近「人民父母」，因此可以比較不受節制地使用公權力，人民只要「不做壞事」就不會有問題。

人民即使已經具備「政府行使公權力應該謹慎」的想法，也不代表已經做好成為民主社會公民的準備。為什麼這麼說呢？我們可以思考看看，前面所提到的無論是集會遊行或出版，都是憲法保障人民擁有的自由，那憲法為什麼要保障這些自由呢？如果想像「有集會遊行」和「沒有集會遊行」，或是「有很多種聲音」和「只有一種聲音」兩種世界的差異，就會理解，這些權利保障看起來是針對個人，但如果每個個人都能擁有這些自由，其實會讓每個個人

都更有機會透過各種方式，理解與體察不同價值觀和想法的他人，進而以彼此的差異為基礎，去創造出能夠容納彼此的公共空間，也就有機會擁有更理想的共同生活。

從這裡出發可以發現，戒嚴體制在台灣，不僅限制了個人的自由，也讓台灣人在很長的一段時間中，欠缺彼此理解與體察的機會，並逐漸形成傾向壓抑獨特、排除差異、漠視分歧的社會慣習，公共的觀念不容易形成，大家對「民主政治」的想像就會侷限在投票選舉，然後把公共事務都交付給政治人物，而忽略了自己其實也有形塑社會的能力。

這畢竟不是一件容易的事，就像在法律上或社會一般的認知裡，18 或 20 歲是一個人「成年」的年紀，但一個人的生命經驗是連續而累積的，不可能在滿 18 或 20 歲那天，就突然「成年」，變成另外一個人。同樣的道理，戒嚴長達 38 年後，台灣並不會在政府宣布解嚴的那天，就突然直接變成一個成熟的民主社會，所有人都可以立刻拋棄「人民父母」的思考模式，而轉化成「人民公僕」的思考模式；或者所有人都可以立刻懂得互相理解，正視彼此的差異。所以，我們不能只把戒嚴當成「過去式」，而應該意識到，戒嚴所遺留給台灣社會的種種影響，其實是「現在進行式」。不僅如此，我們也要避免犯下和戒嚴體制相同的錯誤──排除擁護威權

價值的聲音，而必須嘗試去理解和體察這些價值過去是如何從人心中孕生，才能開始尋找讓所有人能夠繼續共同生活的方法。

思想犯

文／曲潔茹、陳之昱

教學提示：

❶ 什麼是「思想犯」？為什麼國家可以因為言論意見不同，而將反對者逮捕下獄？

❷ 什麼思想會威脅國家安全？如果思想具有威脅國家的威力，究竟是國家應該被改變，還是思想應該被壓抑？

❸ 國家安全的目的是在保障人民可以有自由的思想言論，還是為了其他目的存在？如果人民因為思想意見不同，而產生推翻國家的革命主張，民主國家應該如何對待這些人民？

參考資料：

謝培平、何鳳嬌，《戰後台灣政治案件：藍明谷案史料彙編》，國史館，2014
藍博洲，《幌馬車之歌》（第三版），時報出版，2016
國立政治大學圖書館數位典藏組編，《破繭、重生：人權運動與台灣政治發展》，
政大圖書館數位典藏組，2016

英國作家喬治・歐威爾（George Orwell）知名的反烏托邦小說
《1984》曾描寫一個嚴格控制人民思想的專制政府「大洋國」，
這個國家豢養著許多「思想警察」，他們的工作就是時時刻刻監
控著人民的思想。只要人民腦袋中的「思想出錯」，例如出現任
何反對政府措施、質疑政府政策的想法，馬上就成為「思想犯」
（Thoughcrime），必須接受嚴厲的刑罰制裁。小說描寫的「思想犯」
看似僅是一個虛擬的故事，但在許多獨裁政權當中，思想犯都是貨
真價實的存在。國家以「思想入罪」，一旦某些人存有某些政府所
不允許的想法，都會實際的成為發動刑罰的理由。

思想犯又以政治思想犯居多，這些人通常抱持著與執政者不
同的政治想法，這些想法可能轉換為實際的政治抗爭活動或是批評
政府的言論，以至於侵害了統治階層的利益。這些人往往便會成為
「政治思想犯」而遭受嚴厲的刑罰。

●戒嚴時期的思想控制

台灣從 1949 年宣布戒嚴，直到 90 年代末期，政府都持續不斷
地監控著人民的思想。國民黨將內戰失利的緣由歸因於未能及早發
現政府或軍隊中潛伏的間諜，所以當國民黨來台之後，便設立許多
情治機構，一方面監控共產黨對島內的滲透，另一方面也持續地監

督一般人民。只要台灣人民出現「親共」、「偏左」的思維，都有可能被認為是匪諜而遭受逮捕。國民黨以「反共」為名義的思想監督長達四十多年，直到解嚴後才陸續終止。 ┌參考：《第六十九信》〈窩藏匪諜〉

戒嚴時期，國民黨實施嚴格的黨禁、報禁與秘密警察制度。任何與共產黨或共產主義相關的報章、雜誌、書籍與言論，都被情治機關查禁；任何人組織社團，都可能被視為共產黨的地下支部而受處罰。《超級大國民》當中的幾位主角就是因為組織了讀書會，閱讀共產主義相關書籍，才被治安機關認定為共黨組織而遭逮捕、監禁、思想改造。這些思想犯到解嚴後，都還難以擺脫白色恐怖的陰影，如同劇中的吳教授，到出獄之後都還懷疑國民黨在腦內裝了電子偵測器，能夠時時刻刻監控他的思想，因此不願和老友談起過往的傷痛。

● 戒嚴時期的思想犯們

國民黨對於思想犯的整肅起源甚早，來到台灣後，以查緝地下黨讀書會為形式的思想迫害，可追溯至基隆中學事件。1947 年時台灣爆發二二八事件，基隆中學校長鍾浩東在二二八事件時曾目睹國民黨以軍隊清鄉的暴力手段，心生厭惡，在二二八事件後逐漸

受到共產思想吸引。1948 年，鍾浩東在基隆中學創辦《光明報》並且和基隆中學幾位老師與學生一起組織讀書會，閱讀共產主義書籍。1949 年 5 月，治安機關開始搜查《光明報》涉及人員，並於 9 月派員逮捕基隆中學師生鍾浩東、藍明谷、張阿冬、張國雄、張奕明、鍾國員等人。嗣後鍾浩東、藍明谷等人均遭槍決，這是國民黨在戒嚴時期首度以「反共」為名整肅思想左傾的台灣人。

　　1950 年蔣介石為了鞏固其在國民黨中的地位，並且加強黨對於社會的控制，開啟了國民黨「黨政合一」的組織改革。中國國民黨在各級政府單位、軍隊、警察、民間機構、媒體、國營事業、學校和民間團體中設置了「黨小組」，讓所有基層國民黨員實質聽任小組指揮監督。黨小組的目的是為了監視各個團體的運作、決策和考核，確保社會中的各團體都能「順從黨意」。這個舉措和民主精神背道而馳，讓許多知識分子相當反感，尤其是雷震、殷海光和傅正等人。1951 年到 1959 年間，由雷震等人創辦的《自由中國》雜誌刊登了無數鼓吹自由主義的文章，並批評蔣介石政府毀壞憲法與民主精神。1960 年蔣介石兩任總統任期屆滿，國民大會卻透過修改《動員戡亂時期臨時條款》的方式讓蔣介石第三度連任總統，更引發《自由中國》大力的批判，影射蔣介石是「帝制復辟」。1960 年 9 月，蔣介石命令情治單位以叛亂罪嫌逮捕雷震等人。軍事法庭在蔣介石的命令下，判決雷震有期徒刑十二年。

雷震案後，國民黨對倡議政黨政治等言論採取更為緊縮的政策，凡批評國民黨威權體制的書籍，均不得刊行。這些書籍不得流通的原因，多半因書籍內容與國民黨「反共」的立場有所出入，或直接或間接的質疑了國民黨統治的正當性。例如 1960 年代的《文星》雜誌、台灣大學的學生刊物《新希望》、《大學雜誌》和《台灣政論》等，最終都落入被查禁的命運。在這段期間，無數知識分子因為討論政治、批評政府被認定為叛亂份子。例如支持台灣獨立的鄭南榕，便因創辦雜誌而被國民黨視為叛亂犯，最終以自焚的方式捍衛言論自由。

1970 年之後，國民黨以「思想犯」為名肅清的對象，逐漸從支持共黨的一般人民，轉向支持台灣獨立的知識份子。國民黨定調「支持台獨等同叛亂」，凡宣揚台灣獨立或自由民主思想的人，都應以叛亂罪懲處。這個論調甚至直到解嚴後都還被情治機關持續遵守。

1991 年 5 月，法務部調查局以叛亂罪為由偵辦文史工作者陳正然、清大學生廖偉程、社會運動參與者王秀惠與傳道士林銀福，認為他們受到台獨工作者史明唆使，以台獨為宗旨發展叛亂團體「獨立台灣會」。調查局未經清華大學同意進入清華大學校園逮捕學生，引發媒體、社會輿論強烈批評。本次事件便是台灣民主史上著名的「獨台會案」。

　　獨台會案所引起的後續效應，乃人權團體呼籲應確保人民的
思想自由，並廢除用來處罰思想犯的「懲治叛亂條例」和「刑法第
一百條」。▼ 參考：〈二條一〉 由於國民黨時常依據《刑法》第一百
條和《懲治叛亂條例》起訴政治思想犯，獨台會案遂成為推動廢除
刑法第一百條運動的契機。民間團體普遍認為，《刑法》第一百條
的構成要件實在太過模糊，容易成為箝制言論自由的工具，刑法教
授林山田、陳師孟等人和中研院院士李鎮源、台大歷史系教授張忠
棟、萬國法律事務所所長陳傳岳等人發起「一百行動聯盟」，訴求
廢止《刑法》第一百條並追求「百分之一百的言論自由」。在聯盟
的積極運作下，1992 年 5 月立法院廢止《懲治叛亂條例》，並通
過《刑法》第一百條修正案，將原法條當中「著手實行」的要件加
上「以強暴或脅迫」的文字，並將原條文中的「陰謀」二字刪除。
修法後，最高法院分別對先前以內亂罪起訴的陳正然等人改判免
訴，並予以釋放。

　　一百行動聯盟與獨台會案不僅鬆動了「思想犯」的處罰基礎，
也讓司法體系逐漸認識到，抱持與中國國民黨不同的政治思想，不
等同「犯罪」。獨台會案之後，司法體系雖非一夕之間就改頭換面，
但對於台獨言論的處罰越來越輕、對於構成叛亂罪的認定也逐漸嚴
格。時至今日，在報章、電視、網路上發表批評政府的言論，已經
成為台灣人習以為常的日常光景。

●思想入罪是正當的嗎？

　　民主社會之所以可貴，在於不同想法的人可以平和的共同生活，並且自由地表達自己的想法和意見。在民主社會中，每個國民理應享有不受到國家干預的言論和思想自由。國家無權干預人民心中的想法，也無法限制人民閱讀的書籍，更不應限制人民表達意見的權利。我國《憲法》第十一條規定，人民享有言論、講學、著作及出版之自由，所以每個人想要表達何種意見、傳達何種想法，國家沒有權力予以限制。「思想自由」作為言論自由的基礎，更是國家權力不能碰觸的神聖之地，受到憲法的嚴密保護。

　　從憲法的角度來看，大法官就曾在釋字第五七六號解釋中指出，思想自由是「不可侵害」的基本權利。所謂不可侵害，是指國家的法律不能以任何理由限制人民的思想，一旦法律管制到人民的思想，就會直接違憲。大法官採取這樣的觀點，原因乃思想是每個人內在最獨特且無可取代的資產。每個人因為不同的成長與教育背景，還有不同的社會經歷，因而擁有不同的想法和價值觀。這些內在的事物，其實是每個人最核心的要素，不能被法律所控制。因此政府用「思想構成犯罪」為理由干預每個人最核心的內在活動，無論如何不可能被正當化。

　　國民黨不斷以「國家處於非常時期」或是「反共」為理由，透過法律一步步減縮人民享有的自由，藉以遂行國民黨極權統治的目的。所謂的「反共」或是「非常時期」，是否真的可以成為限制人民自由的理由？

　　2004 年，司法院大法官釋字第五七六號解釋就曾經指出：「思想自由保障人民內在精神活動，是人類文明之根源與言論自由之基礎，亦為憲法所欲保障最基本之人性尊嚴，對自由民主憲政秩序之存續，具特殊重要意義，不容國家機關以包括緊急事態之因應在內之任何理由侵犯之，亦不容國家機關以任何方式予以侵害。」大法官在這號解釋清楚地說明了，思想自由是人類最寶貴也最核心的權利，當腦袋裡的思想都無法自己控制，就很難宣稱一個人是「自由的」。 作為一個民主國家，反共或非常狀態都很難成為限制人民思想的藉口，更不該因為一個人的思想「有毒」便以刑責相繩。

　　《超級大國民》和「一百行動聯盟」的年代無論如何離今日的台灣都有一段距離了，但不可否認的，戒嚴體制和思想控制仍然對台灣人造成了深遠的影響。今天我們仍然常常在教育現場聽到老師對學生說「你不應該有這樣的想法」，或是「學生就應該好好讀書，不要碰政治」。社會再開放，過去國民黨對思想犯的整肅仍然對整個世代的台灣人留下不可磨滅的傷害，甚至形塑成為某一代人

價值體系中理所當然的觀念。這也是為何在解嚴三十多年後的今日，還需要透過《超級大國民》這部電影，理解「思想犯」在戒嚴時期的脈絡與發展。

二條一

文／曲潔茹、陳之昱
審修／何友倫

教學提示：

1 何謂二條一？《懲治叛亂條例》二條一和《刑法》的關係是什麼？

2 國家可不可以保護國家安全為理由，過度限制人民權利？理由為何？

參考資料：

蘇瑞鏘，《白色恐怖在台灣：戰後台灣政治案件之處置》，稻鄉，2014

台灣民間真相與和解促進會，《記憶與遺忘的鬥爭：台灣轉型正義階段報告》（卷三），衛城出版，2015

● 「二條一」和舊《刑法》第一百條的功能

戒嚴時期令人聞風喪膽的「二條一」，是指《懲治叛亂條例》第二條第一項。這條法律規定：凡觸犯《刑法》第一百條（內亂罪）、第一百零一條（外患罪）、第一百零三條以及一百零四條之罪者，處死刑。這是國民黨處罰政治犯經常使用的規定，一旦被以二條一處置，通常只有死刑的下場，因此「二條一」成為政治犯最不願意看到的法條。這也是片中陳桑在離開牢房時高舉著「二條一」的手勢，只是為了讓其他牢友知悉，他即將坦然地面對死亡的命運。

二條一所適用的「《刑法》第一百條第一項」：意圖破壞國體、竊據國土或以非法之方法變更國憲、顛覆政府，而著手實行者，處七年以上有期徒刑；首謀者，處無期徒刑。是 90 年代廢除《刑法》一百條運動前的規定，以下我們稱為舊《刑法》第一百條。

舊《刑法》第一百條，由於規定很抽象，容易成為政府羅織人民犯罪的工具。什麼是「破壞國體、竊據國土」？經常是有權力的人才可以決定，一般民眾難以理解，再加上情治機關對於「著手實行」的認定非常寬鬆，所以小至「在寢室向朋友交送批評政府的反動紙條」，大至「意圖建立地下共黨支部」，都有可能構成內亂罪。一旦有人被政府認定是內亂罪，又會因為「二條一」的規定而

判處死刑。兩條規定相輔相成的結果，導致情治機關可以寬鬆且氾濫地認定「叛亂犯」。片中的陳桑和許桑雖然只是一同組了讀書會，但卻被保安司令部認為已經構成內亂罪，進而成為「叛亂犯」。戒嚴史上也確實不乏因閱讀禁書、組織讀書會或批評時政而被認定構成「二條一」的案件。(註1) ▼| 參考：〈思想犯〉|

●「二條一」的適用範圍

除了二條一和舊《刑法》第一百條，國防部也是情治機關廣泛認定叛亂犯的幫兇。國防部於 1956 年第六三九號命令中指出，只要人民曾經參加叛亂組織，以文字為共匪宣傳，那麼可以認定人民所有批評政府、反對政府的言論，都是基於「一貫之叛亂犯意」(註2)，意圖以非法的方法顛覆政府，已經構成了「二條一」的叛亂犯。

國防部的這號命令，讓情治單位在羅織罪名的時候，通常會先捏造一個「曾加入共產組織」的假事實，然後逼迫政治犯承認。接著再把政治犯後續一些批評政府的行為，都歸納為「基於一貫之叛亂犯意」所為的行為，進而成立《懲治叛亂條例》「二條一」。其中最有名的例子，就是「山東流亡學生案」中的劉永祥。

　　山東流亡學生案發生在國共內戰爆發之後，當時山東有數千名的高中學生隨著政府遷往湖南、廣東等地。政府在收容這批流亡學生時，承諾未來將繼續協助他們完成學業，不料在 1949 年國民黨政府遷往台灣之時，卻將這些學生充作防守澎湖的兵力，要求 17 歲以上能夠戰鬥的學生充服兵役。這個措施導致了大部分學生不滿，且當時澎湖生活環境惡劣，因此和澎湖司令部軍官產生嚴重衝突。

　　部分學生透過私下書信宣洩對澎湖司令部的不滿，經司令部軍官查獲，遂羅織山東流亡學生叛亂罪名，指出其部分學生在中國就已遭共產黨收買，其實是「叛亂分子」。其中煙台聯合中學學生劉永祥遭逮捕之後，被台灣省保安司令部刑求，自白承認過去曾加入共產黨新民主主義青年團。保安司令部便以劉永祥曾加入共黨為由，認為其私下抱怨澎湖司令部的行為是「基於一貫犯意而叛亂」，已構成二條一的叛亂犯，判處死刑。

　　國防部以命令恣意擴張「二條一」適用範圍，卻受到司法院大法官的承認與背書。大法官在釋字第六十八號解釋中指出，過去曾經參與共黨組織，只要沒有退出，後續所有的行為，都理所當然地可以被認定為叛亂行為。至於有沒有「退出共產黨」，應該由人民自行證明。所以劉永祥既然無法自行證明他已經退出共產黨，那

其批評澎湖司令部的行為，當然就是叛亂行為。

●叛亂犯須接受軍事審判

　　叛亂犯除了在法律認定上極度寬鬆之外，被論以「二條一」的案件，都必須接受軍事法庭的審判，這對多數受逮捕的政治犯來說非常不公平。因為《憲法》第九條雖然規定「非現役軍人不受軍事審判」，但是 1949 年宣布戒嚴後，《戒嚴法》第八條及《懲治叛亂條例》第十條即明文規定，特定犯罪的行為人不論是否為軍人，一律由軍事機關審判，這導致不是軍人犯罪的案件，軍事審判機關也可以名正言順地介入普通法院的審判權限。

　　軍事審判的問題在於被告的程序保障相對薄弱，而且判決必須經由上級長官同意，也大幅提高中間被人動手腳的可能。以上兩個問題，都可以歸結到軍事審判的功能。軍事審判的設計，是透過嚴刑峻罰維持部隊的紀律，訴訟程序是不是可以保障被告並非首先考量的原則，此外當時的軍事審判機關不隸屬於「司法院」，而是設置在國防部之內，造成「司法獨立」的精神蕩然無存。(註3)

　　舊《刑法》第一百條與「二條一」在戒嚴時期一直是處罰政治犯的主要法律依據，1991 年立法院廢除《懲治叛亂條例》，舊《刑

法》第一百條後也因為「廢除刑法一百條運動」而在 1992 年修訂。
現行《刑法》第一百條第一項規定：意圖破壞國體，竊據國土，或
以非法之方法變更國憲，顛覆政府，而以強暴或脅迫著手實行者，
處七年以上有期徒刑；首謀者，處無期徒刑。

　　相較於舊《刑法》第一百條，現行《刑法》第一百條新增了「以
強暴脅迫著手實行」的要件，限縮內亂罪的處罰範圍。簡單來說，
只有以「暴力手段顛覆政府」的行為，才有可能構成內亂罪。故《刑
法》第一百條被修改後，無論是組讀書會、公開批評政府，都不太
可能被認定為叛亂犯了。

● 從「二條一」看戒嚴時期的法律系統

　　二條一是國民黨在戒嚴時期為了維繫統治正當性的一種法律
手段，戒嚴時期的許多法律，都成為國民黨維持統治地位的工具。
其中最主要的法律工具，是《動員戡亂時期臨時條款》。

　　《中華民國憲法》自 1947 年公布，明定了人民基本權利之保
障以及權力分立的精神。然而公布施行的隔年，即因國共內戰進入
「動員戡亂」，並於 1948 年 4 月通過《動員戡亂時期臨時條款》。
架空《憲法》當中保障人民基本權利、維持權力分立的相關規定，

讓總統一人擁有至高無上的統治權力。《動員戡亂時期臨時條款》也為戒嚴時期的強人政治奠定了強大的法律基礎。

在《動員戡亂時期臨時條款》之下，總統和副總統沒有連任的限制，總統和副總統可以無限期地連任。總統又掌握了國內絕對的統治權力，加上蔣介石從 1950 年開始就徹底地落實國民黨與政府「黨政合一」、「以黨透政」的統治結構，也就是在所有的政府機關之內，都設置一個平行的「黨小組」，讓整個行政系統完全聽命於黨小組的命令，最終再聽命於蔣介石個人的指揮和監督。這導致了《憲法》上的民主原則、國民主權原則完全沒辦法落實，動員戡亂成為蔣介石遂行寡頭獨裁的依據。

●以反共為理由的獨裁

國民黨以《動員戡亂時期臨時條款》架空《憲法》規定，是立基於「反共」和「國家處於非常時期」的理由，並將「反共」視作至高無上的價值。動員戡亂體制下的法規，也或多或少的帶有「反共」的氣息。[註4]這些以反共為名所設置的法條，最後卻成為中國國民黨對付反對者的法律依據。

這些反共法律都以「國家利益」優先「個人權利」為標誌，

讓人民認為「國家的安全本來就應該優先於個人的權利」。從憲法
的角度來看，這樣的觀點本身就牴觸民主原則和國民主權原則。一
個民主國家應以「人民」為主體，以保障人民的權利為國家至高無
上的任務。人民不應成為國家的附庸，也不應該成為國家安全下的
犧牲品。況且此種「國家利益優先個人權利」的思維，最終都只會
導致了獨裁的結果。《懲治叛亂條例》「二條一」不就是以「反共」
為名，實際上卻成為中國國民黨伐害人權的工具？

　　即便國家安全再重要，國家法律對人民權利的限制，也必須
合乎「比例原則」的要求。不可以為了達成國家安全，而無限上綱
國家利益；也不可以為了國家安全，過度限制人民的權利。

註1：依據行政院促進轉型正義委員會的調查，台灣省保安司令部認定構成二條一的典型行為就是「閱讀匪書」。例如鹿窟案的幾位受難者雖然曾有參與武裝暴動，但保安司令部的判決書上卻強調其閱讀、印製《資本論》、《馬克思主義經濟學的哲學基礎》、《日本近代社會運動史》、《共產黨政治經濟學》等共產主義書籍，故構成《刑法》第一百條的「意圖以非法方法顛覆政府」。此外，「建立學術研究會講述匪幫理論」、「為匪傳遞書刊宣傳品」都算是《刑法》上的內亂行為，足以觸發《懲治叛亂條例》第二條第一項「唯一死刑」的法律效果。可參閱促進轉型正義委員會決定書第8號、第9號、第13號。

註2：一貫之叛亂犯意，是指某個人心裡自始自終有一個叛亂的想法。假設某甲在1930年加入中國共產黨，之後雖然沒有任何活動，也沒有參與任何行動，但只要後來被政府認定有任何叛亂的行為，官方都會認為現在的行為與1930年加入共產黨的事實有關。因此縱使某甲是一個失聯的地下黨，來台後與共產黨並無任何關聯，一旦有人指證他過去加入共產黨，則他現在的行為，無論多麼微不足道，都可以直接上升為共產黨對國民黨的叛亂行為。

註3：依照舊軍事審判法之規定，軍事法院的上級機關為國防部而非司法院，此一規定直到1997年司法院大法官作成釋字第436號解釋才被宣告違憲。故戒嚴時期若將部分刑事案件交由國防部，將形成國防部實質凌駕司法院而影響審判獨立的違憲問題。

註4：動員戡亂時期的管制法令均以圍堵共產勢力發展為主要的目的，除了二條一之外，《動員戡亂時期人民團體法》、《檢肅匪諜條例》、《違警罰法》等規定都是國民政府用以箝制人民基本權利的重要工具。其中部分條文，例如《違警罰法》、《人民團體法》等規定在解嚴後紛紛遭司法院大法官宣告違憲，但仍有部分條文在解嚴後轉化為現在有效的法律而不曾受到大法官的違憲審查。

獄外之囚

文／蔡雨辰

教學提示：

❶ 《超級大國民》不只談到政治犯的遭遇，也有不少政治犯家屬的遭遇，特別是主角妻子與女兒的描繪，請問家屬是否也應該被視為白色恐怖的受難者？他們所承受的待遇和關在監獄裡的受難者相比，有何種差異？

❷ 《獄外之囚：白色恐怖受難者女性家屬訪問紀錄》透過受難者女性家屬的視角，訴說白色恐怖所造成的創痛，這樣的做法與成果彰顯了哪些意義？對於還原歷史真相有何助益？

參考資料：

許雪姬編，《獄外之囚：白色恐怖受難者女性家屬訪問紀錄》，國家人權博物館籌備處、中央研究院台灣史研究所，2014

呂蒼一等，《無法送達的遺書：記那些在恐怖年代失落的人》，衛城出版，2015

台灣民間真相與和解促進會，《記憶與遺忘的鬥爭：台灣轉型正義階段報告》（卷三），衛城出版，2015

葉虹靈，〈展望轉型正義時刻〉，《性別平等教育季刊》77期，2016

在《超級大國民》的第 36 場，許桑準備動身前往六張犁之前，因夫婿涉嫌賄選而剛被搜索、在文件滿地的客廳沙發坐困愁城、不知在那癱瘓了多久的女兒，忽然從沙發後方探出頭來，詢問許桑去處，並語氣強硬地抱怨父親：「你和以前一樣，你只顧自己。從不關心我和媽媽。」若深入詮釋，這句話所指責的對象可能不只是政治犯老父親，似乎也暗中提醒銀幕外的觀眾：在政治受難史或抗爭史的敘事裡，男性總是居為「主角」，多數女性皆是屈為「配角」。

本片不僅聚焦在男性政治犯的遭遇和記憶，許桑的妻子和女兒在片中亦有其代表性。片中所呈現的女兒記憶代表了她們不只是「政治受難者的家屬」，與許桑一樣，她們也是「政治受難者」。《超級大國民》呈現了政治犯的女性家屬（妻女）的心路歷程與現實處境，也提醒了對於男性政治受難者的英雄化論述的反思。

●何謂獄外之囚？

解嚴前後，政治受難者案件逐漸被披露，以文學書寫、檔案刊印、論述研究、回憶錄、口述訪談等形式呈現。不過，早年關於二二八事件或台灣白色恐怖時期的口述訪談多是以受難者作為核心，或是受難者現身說法，或透過親友回憶來敘述受難者的遭遇，家屬的心聲則較被忽略，而且並非主角，尤其是女性家屬。當親人

不幸成為受難者，她們如何面對困境？能否走出陰影？其人生受到什麼樣的影響？為了尋找這些問題的答案，2012 年 11 月至 2014 年 8 月，中研院臺史所研究員許雪姬擔任主持人，組成訪談小組，完成 57 篇、共 117 萬字的口述史《獄外之囚》。訪談重點包括女性家屬的心路歷程，對於政治受難者案情經過之理解，得知受難者被捕、被處決後的心情，受難者服刑後對家庭的影響，繫獄期間受難者與家屬往來的情況。該書中收錄案件分布的時間跨越各個年代與案件類型，口述者的階級、背景相當多元。

這些口述史讓我們知道，在國家暴力下，受到壓迫的不僅是直接被殺害與被囚禁的個人，還有他們的家人。受難者家屬除了承受親人變故的傷痛，往後更長年活在被監控的壓力中。這些未經審判的家屬在生活、心理等層次遭受種種折磨，雖在獄外，卻亦成囚，亦是廣義的政治受難者。顯然，白色恐怖對台灣一代又一代的家庭造成極其深遠的影響。

●獄外的生活

許多白色恐怖受難者往往是從家裡、工作場所或其他地方突然被帶走，從此一去不返，家人們通常不清楚原因，僅能四處打聽。例如郭慶(註1)的太太廖玉霞便在口述史中說：「政府這種抓人的

方式在當時屢見不鮮，總是莫名其妙地會有人從牆壁啦、角落啦，或是奇怪的地方跑出來，直接就要抓人，不對家屬多做解釋，你永遠搞不清楚怎麼了。」「我認為郭慶被抓的原因，應該是書看太多、太雜的緣故，他都看一些很嚴肅艱深的書，我不是很清楚內容……」由此，對倖存獄外的親友來說，不僅是至親永恆缺席，就連被捕的理由也常常成為震撼中不解的疑惑，因此，親友的餘生便是不斷為這些疑惑尋找解釋與答案。

　　此外，受難者被槍決後，這些家庭並未被放過。黨國系統持續透過威權體制下的警政系統，對這些家庭進行日常監控與調查。他們以頻繁的戶口調查掌握這些家庭的動態，如黃紀男（註2）的妻子張素娥便說：「當時那些警察、憲兵每個禮拜都來查戶口，要我拿戶口名簿給他們蓋章，我們被監視得很緊。」如此龐大的精神壓力便深烙在家屬心中，成為一輩子的印記。如黃溫恭（註3）的太太黃楊清蓮晚年失智，連孩子都不記得，卻記得要一直帶著身份證，因為「沒有身分證，警察上門臨檢會被抓走」，為了讓母親安心，女兒黃春蘭不得已做了一張「舊版」的身分證給她。黃楊清蓮連生病住院時，隨身小包都要帶著這張舊的、假的身分證。

　　又例如，劉耀廷（註4）死後，遺孀施月霞不願成為家族的負擔，帶著雙胞胎女兒返回家鄉台南。但特務的監視加深了周遭鄰居對她

們的猜疑，她們三口不斷搬遷，其女劉美蜺說：「至今我依舊非常自卑，神經質，即使在大白天，我依舊習慣把窗簾拉上，害怕有人在外偷看，監視。」這些監控讓家屬們清楚地感受到異端的汙名，生活圈也限縮，受到孤立。郭慶的女兒郭素貞亦說：「媽媽這大半輩子都承受爸爸的事情所帶來的痛苦，所以他後來都寧願不跟別人接觸，比如她的同學們要在日本開同學會，一封一封信寄來邀我媽媽參加，可是她都不去，覺得自己有這種遭遇，很沒有面子。而我和弟弟也害怕別人問起父親的事，因此，我們自己築起一道牆，盡量不和別人接觸，縮在自己的世界裡。」

此外，受難者後代的生存與發展也多所受限，黃溫恭受難後，悲劇並未休止，而如噩夢般不斷侵擾黃家。黃溫恭的孩子們，無論是求學、就業、遷徙或出國，皆不順遂。么女黃春蘭求學時申請到美國西密西根大學的研究所獎學金，儘管透過正規旅行社辦出國證件，卻一直無法通過，沒有理由地被拒絕。雖然西密西根大學非常善待她，第一學期為她保留學位，但到了第二年，黃春蘭仍無法順利出國，只得放棄，而苦苦等待的那一年時間，也浪費了。

失去家人的痛苦是一種，另一種是家人雖歷劫歸來，卻成了沉默的陌生人。《超級大國民》中的許桑對於女兒一家人而言，就是這樣的存在。當親人自牢獄中歸來，意味者必須被重新認識，原

有的家庭秩序與互動將被擾動，對許多第二代而言，「父親」是個抽象的存在，當父親返家，如何相處、建立互動，便需要許多努力與調適。

在家屬謝淑慎的口述中，就可看到類似的狀況。其父謝秋臨[註5]出獄後，兩人便一直處不來，口述中透露了女兒對父親的陌生與困惑，除了生活習慣的難以協調，還包括截然相反的政治傾向，「爸爸因為國民黨支持統一，每次選舉他都選國民黨候選人。這讓我百思不解，被國民黨關了那麼多年，為什麼還支持它？」然而，到了晚年，情況並未好轉，父女兩人的衝突反而加劇。「我認為，爸爸一生不順遂，也把不幸帶給他身邊的女性。我的祖母因為他的入獄，長期陷入歇斯底里的情緒⋯⋯我則因他而長期受到憂鬱症的折磨。」

曾有多位受難者形容，在獄中是「小牢」，獄外則是「大牢」。政治犯們身在小的監獄裡面，家屬雖然沒有被關，但長年遭受監視，這個社會亦如同一座大型監獄囚禁著他們的心靈。

● 「獄外之囚」對於轉型正義工作的意義

黃長玲曾在研究中歸納白色恐怖女性受難家屬的共有經驗，白色恐怖氛圍下的社會孤立、因父親或配偶入獄而造成的經濟困

難、以及社會地位滑落，前者與戒嚴時期的恐共、社會污名有關，後者則與反映出時當時性別不平等，展現在家戶資源分配不均，女性較缺乏受教育機會、連帶影響就業等面向，女性在家中是經濟依賴者，當家計支撐的父親或丈夫入獄或被處決後失去支柱。社會隔離、經濟困難這些問題環環相扣地影響她們的日常生活。

因此，曾探集二二八寡婦口述史的沈秀華持續提倡，我們其實不應該再用「受難者家屬」來標籤這群人（絕大多數為女性），她們並非僅依附著男性受難者的身分存在。她們亦是「政治受難者」，她們的苦難其實擴大了政治受難者的光譜。我們應正視她們雖未入獄，但卻得在獄外挑起家計，並面對各種污名、排斥的經驗。轉型正義工作必須看到他們是國家暴力受害者的主體位置與經驗。沈秀華亦在〈受害者家屬就是受害者〉一文中論述：「受害者主體往往要透過他們最親近的家人來講述他們的生平、受害過程以及對家人造成的影響。如果沒有家屬，受害者的受害主體性是不容易被看到的……所以家屬的受害主體性也應在轉型正義的論述與政策中受到重視與討論。」「這些家庭的存在不僅是要為受難者發聲，他們的傷痛與受害經驗本身就是這段暴力歷史的見證與主體。」

近來，受難者家屬、藝術家蔡海如試圖透過藝術創作來呈現其經驗。在 2014 年的展覽「喬‧伊拉克希的鏡花園」中，蔡海如

邀請了一群受難者二代，掀開源自國家暴力與社會外力滲入家庭內部的影響，亦試圖對大歷史下許多被忽略或犧牲的女性生命小史，進行了一次高難度的藝術展演。

　　這些口述史或作品正在逐漸改變轉型正義的受難敘事。雖然他們過去未曾得到肯認，也多未成為眾人歌頌的民主英雄，在大的國族敘事下被掩蓋，但他們原本模糊不清的面貌在各方努力下，得以逐漸被辨識。讓他們走出父兄、丈夫的陰影，能以自己的生命經驗，回到公眾視野、進入歷史記憶中，成為社會寶貴的共同資產。

註 1：據官方判決資料記載，郭慶被控訴於 1948 年 12 月，由鍾心寬介紹加入共產
　　　黨組織，為候補黨員。1951 年 5 月遭逮補，1952 年 4 月執行槍決。

註 2：黃紀男曾兩次入獄。據官方判決資料記載，黃紀男被控於 1949 年 6 月受
　　　廖文毅之命，擔任由廖文奎、廖文毅兄弟於香港所組織的臺獨團體「台灣再
　　　解放聯盟」之台灣支部長。1950 年 5 月被捕，1959 年出獄。第二次入獄乃
　　　於 1962 年 1 月被捕，因其 1958 年因病保外，即與廖文毅聯絡，1959 年擔
　　　任「台灣民主獨立黨台灣地下工作委員會」主任委員。1965 年 12 月，經蔣
　　　介石特赦而出獄。

註 3：生於日治台灣高雄州岡山郡路竹莊（今高雄市路竹區），外科醫師、牙
　　　醫師，是路竹地區的首位牙醫師。1952 年，因涉入台灣省工作委員會燕
　　　巢、路竹支部案，自首後判刑十五年，但被蔣介石下令槍決。

註 4：綜合資料記載，劉耀廷被捕前擔任「大安印刷廠支部」書記，1949 年 8 月至
　　　9 月間，印刷中共「開國文獻」、「中華人民共和國國歌」等資料，後於 10
　　　月入黨。1952 年底，鹿窟事件爆發，劉耀廷等人先後被捕，1954 年 1 月執
　　　行死刑。

註 5：據官方判決資料記載，謝秋臨於 1949 年參加共產黨，組織臺中縣大肚鄉
　　　支部，為幹部之一。1950 年 3 月被保密局逮捕，1983 年假釋出獄。繫獄
　　　三十三年。

馬場町

文／路那

教學提示：

1 從日治時期至今，馬場町的歷史。

2 建議帶領學生前往現場，感受現今的氣氛，並討論土丘與紀念碑的作法是否適恰。

參考資料：

《中央日報》，1949年12月12日，第四版

黃翔瑜，〈山東流亡師生冤獄案的發生及處理經過（1949-1955）〉，《台灣文獻》60:2，國史館台灣文獻館，2009

歐素瑛，〈演劇與政治：簡國賢的戲夢人生〉，《台灣學研究》第16期，國立台灣圖書館，2013

張維修，《台灣白色恐怖時期相關史蹟點調查案總結報告書》，國家人權博物館籌備處，2015

藍博洲，《幌馬車之歌》（三版），時報出版，2016

〈七一三事件〉，「澎湖知識服務平台」，https://penghu.info/OBBDC-DE0F3CE0ED3C685，2019年9月30日引用。

洪致文，〈南機場變身成高球場〉，「飛行場の測候所」，http://cwhung.blogspot.com/2011/02/blog-post_27.html，2011年2月27日發表，2019年9月30日引用。

劉治維，〈看見臺北第一庄「從加蚋仔到東園」〉，「臺北村落之聲」，https://www.urstaipei.net/citywalker/walk?view=adm_new&id=1489，2015年8月23日發表，2019年9月30日引用。

在《超級大國民》的開場，有輛車在深夜時分開到了草叢中。在黑暗中，兩盞昏黃的車燈閃爍，車門開關聲之後，槍聲響起。那是許毅生只能在想像中一遍遍目睹的無情殺戮。這個昏暗的草叢，就是位在新店溪河灘地的「馬場町紀念公園」。

●馬場町的前世今生

「馬場町」是日治時期劃定的町名。在此之前，此處不過是無名的河灘地。最接近此的地名，是清代移來的漢人所稱的「加蚋仔」。「加蚋仔」是什麼意思？據說，那是承襲自原住民平埔族凱達格蘭雷裡社對此的稱呼「Gara」而來。Gara的意思，則是沼澤地。

河邊的沼澤地，隨著新店溪帶來的土壤，慢慢淤積成了一塊又一塊的新生地。夾雜著河道的新生地，似乎很適合水獺生活。加蚋仔庄內的堀仔頭居民，還留有水獺在該處生活的記憶。

在日本人到來之前，此地是一片農莊景象。清代末年，加蚋仔庄與鄰近的八張犁，已經成了台北地區重要的香花產地。所謂的香花即是茉莉、七里香、秀蘭花等。香花產業的興盛，與台灣製茶的輸出密不可分。大稻埕負責輸出薰香花茶，薰茶所需要的花，自然不能離開碼頭太遠。於是先是加蚋仔，後是三重與新莊。從香花

產業的遷徙，也可看出台北城市擴展的痕跡。

日本治台後，總督府陸軍部為了招商，於 1905 年將此地闢建臨時高爾夫球場。此地看似要從沼澤搖身一變為高級場所，然而這個美夢很快就破滅了。1909 年，陸軍決定將高爾夫球場改為練兵場，並在此處進行陸軍的馬術訓練。1922 年，台北實施「町名改正」。在這一波日本化的風潮裡，此處從加蚋仔庄切了一塊出來，成了我們今日熟知的馬場町。

有過水獺、種過香花、打過高爾夫球、跑過馬的馬場町，在戰爭期間成了日本軍機起降的機場。相對於位於北邊的北飛行場（今松山機場），此地於是被稱為「南機場」。這個名稱留了下來，也就是現今「南機場夜市」的由來。

●堤防外的秘密刑場

戰後，南機場被國民黨政府陸軍接收，成了軍舍與農場。1949年，大量難民隨國府來台，許多戶便住在水源路堤防區一帶。因而成了台北市密度最高的外省人群居所：除了難民自建的違建外，還有軍眷們所居住的三十幾個眷村。

　　儘管當時缺乏土地安置來台難民，但倒不妨礙空軍藉口飛行訓練，從陸軍手上取得馬場町的使用權。1953 年空軍順利接手南機場後，在上面建起的新建物卻並非他們聲稱的飛行場，而是不知道給誰使用的高爾夫球場：「台北高爾夫俱樂部」。1973 年，因都市擴張，台北高爾夫俱樂部遷往他處。原址則在 1977 年改為公園，即今日的青年公園。

　　可以在軍方土地上的「台北高爾夫俱樂部」打球的，自然也是高官顯貴了。這座號稱要在冠蓋雲集的流亡首都上「敦睦邦誼」的高爾夫球場，只一堤之隔，堤防外，就是軍方慣於在凌晨槍斃政治犯的「馬場町刑場」。

　　在馬場町的槍決，一開始是為了威嚇的示眾。等白色恐怖的陰影籠罩在每個人身上，已經不需以示眾遂行威嚇後，馬場町的槍決慢慢地移到了難以區分是黑夜或白晝的那段曖昧時光，逐漸演變為更孤寂更安靜（槍聲因此也更震耳欲聾）的行刑。總是在凌晨，總是在同一塊土地上。被槍彈穿過的身體倒下後，血汩汩地流了出來。士兵會拉開那些屍首嗎？殯儀館的人會在旁邊待命嗎？

　　死者無法言語，唯有行刑者得以重述那些細節。當時負責槍決的部隊是被簡稱為「憲四團」的憲兵第四團。憲四團是戰後最早

登上台灣的國軍部隊。當時它的指揮官,便是在二二八事件中惡名昭彰的張慕陶。

國府渡台後,張慕陶卸任憲四團指揮官,改由曾佑民接任。此後,憲兵雖歷經整編,但憲四團卻不動如山。他們住在青年公園周遭、萬大路附近的崇仁新村。其轄下「南區隊」最重要的任務,就是將被定讞的政治犯押到馬場町與川端橋對岸(今永和市中正橋下網球場)處執行槍決。

「對於鞏固台澎,防範共黨勢力滲透功不可沒。」在中華民國後備憲兵論壇上,記載此段歷史的人這樣描述著憲四團過往的作為。

這些「共黨勢力」有著什麼樣的臉孔呢?

●魂斷馬場町的高中生們

1949 年 12 月 12 日的《中央日報》上刊載了一篇新聞報導:〈你們逃不掉的 昨續槍決匪諜七名〉。這篇文章的標題充滿了「對匪喊話」的威嚇意味。據文中描述,前一天的 11 日上午十點,憲兵第四團綁著七名「匪諜」到馬場町刑場。「觀眾人山人海,槍聲響

起，各匪相繼倒地，圍觀民眾，莫不稱快。」

　　圍觀民眾是否真的「莫不稱快」，我們不得而知。但他們或許會訝異於被槍擊者之中，竟有三名不過是年僅十九歲的學生。那是王光耀、張世能、明同樂。一起被槍決的譚茂基比他們大一歲，最年長的則是廿三歲的劉永祥和四十三歲的張敏之與鄒鑑。

　　這批被槍決的七名「匪諜」有一個共同的特徵：他們都是從山東流亡到澎湖的老師和學生。張敏之與鄒鑑是校長，王光耀等人，則是因戰亂失學，到了十九歲還沒從高中畢業的高中生。他們有的來自煙台聯中，有的來自濟南聯中。好不容易逃難到了澎湖，在馬公國民學校成立「澎湖防衛司令部子弟學校」，準備繼續自己多難的學業時，卻被牽連進澎湖國府駐軍的鬥爭之中。

　　原來，當時駐紮在澎湖的國府軍隊兵源短缺，部隊為了補充兵員，便欲強拉剛剛抵達澎湖的高中生入伍。以張敏之為首的校方，因此事而屢屢與軍方發生衝突。

　　這場衝突的最高潮，發生在 1949 年 7 月 13 日的早晨。這日，軍方將流亡學生們集合到操場，要將學生們編入軍隊中。不滿的學生開始鼓譟，而一旁的士兵則開始抓人。示警的槍聲接二連三地響

起，軍人的刺刀也刺傷了在場的學生代表。

衝突一觸即發之際，時任澎湖防衛司令部司令的李振清出現了。在強勢軍力的壓制下，學生最後還是被編入隊伍中。然而，強摘的瓜不甜，強迫的兵有許多怨言。9 月，陸軍第 39 師師長韓鳳儀向台灣保安司令部報告，澎湖破獲以校長張敏之為首的匪諜數名。時任保安司令部副司令的彭孟緝派人前往查辦。許多學生被送到不同的離島嚴刑拷打，與此案相關的莫名失蹤者，據說便有將近三百多人之多。而除了在馬場町被槍決的七人外，另外還有兩名學生王子彝、尹廣居死於獄中。受到此案牽連者，共 109 名。

這就是知名的政治案件「澎湖七一三事件」，又稱「山東學生流亡案」。

●劇作家、畫家與教師，都難以倖免

「只有這一層壁的遮隔，情形是這樣的不同。唔！壁是這麼厚，又這麼高──唔──想打破這層壁，可惜我的拳頭太小，我的手太細。唔！壁呀！壁！為什麼這層壁不能打破呢？唔！壁呀！壁！」

這看起來有些拙稚的句子，是 1946 年由劇作家簡國賢與宋非

我合作的獨幕劇《壁》。這齣戲在 6 月上演,地點是台北中山堂。劇中這面怎麼也打不破的「壁」,是到了今日仍有許多人望之興嘆的貧富差距。

1946 年剛打完仗的台灣,那情形可是要嚴峻許多。因此不免讓人好奇,《壁》中的富有商人「錢金利」是怎麼在百業凋零的狀態下依舊賺得缽滿盆溢呢?大眾自然而然地聯想到當時社會盛行的官商勾結。簡國賢與宋非我透過這齣戲強烈的抨擊了台灣戰後的社會不公,獲得了當時觀眾的熱烈迴響。

儘管觀眾很喜歡,但《壁》卻再也沒有第二次上演的機會（或許就是因為觀眾很喜歡吧）。宋非我在二二八事件後被捕入獄,而簡國賢則在流亡數年後,於台中大里被逮捕。1954 年 4 月 10 日,他在馬場町遭到槍決。

討厭不公不義的簡國賢,在日治時期便透過戲劇與文學抒發他對統治者的不滿。然而這樣的管道,戰後卻在打著「同文同種」旗號的統治者下越發閉塞。抒發管道的消失、社會不公的加劇,在被迫逃亡的狀況下,簡國賢最後加入了中共台灣省工作委員會。曾被譽為台灣新劇明日之星的他,最後倒在馬場町的血泊之中。

　　同樣殞落在馬場町的藝術家，還有知名雕塑家楊英風的老師黃榮燦。黃榮燦在 1945 年來到台灣，目睹了二二八事件的發生。當時擔任報刊編輯的他，刻製了二二八事件最具代表性的圖像《恐怖的檢查》。這幅以天馬茶房私菸查緝現場為題材的版畫，雕刻細緻、形象生動，讓人一望可見林江邁慌忙檢拾私菸，而專賣局的查緝員漠視著旁邊高舉雙手、毫無威脅的普通百姓的請求，殘暴地用槍托重擊婦人與槍殺圍觀群眾。理當保護平民的軍警，則漠然地站在卡車上，隨著快速開動的卡車行進，無視著同袍對著高舉雙手、毫無威脅的普通百姓開槍，而自己也正趕往他方鎮壓路上的場景。黃榮燦不敢將這幅呈現國民政府殘暴的版畫留在身邊，他送給了日本友人。儘管如此謹慎，但黃榮燦依然難逃被羅織罪名入獄的下場。

　　1951 年，他被曾到家中投靠的吳乃光牽連，誣指為匪諜，被控以叛亂罪。隔年 11 月 19 日，黃榮燦與吳乃光等四人，血濺馬場町。

　　在馬場町，最戲劇化的一刻，或許是基隆中學校長鍾浩東被槍決之前的歌聲吧。生於 1915 年的鍾浩東，是作家鍾理和的弟弟。他在大學畢業後，與蔣渭水的女兒蔣碧玉一同從日本到中國，準備和「祖國」一同抗日。然而這兩個來自日本的台灣年輕人，卻被當

時的國民黨認為是日諜而遭到逮捕。儘管在入獄半年後獲釋，然而隨著鍾浩東在中國的見聞，他對國民黨也越加失望。

1946 年，鍾浩東返台擔任基隆中學的校長。當 1947 年二二八事件發生後，國民黨派出的鎮壓軍隊，於該年 3 月 8 日登上基隆，展開大屠殺。目睹這一切的鍾浩東，終於無法抑止自己的失望，加入了中國共產黨。他組織了「中共台灣省基隆市工作委員會」，發行刊物《光明報》，成立研討會與讀書會，鼓吹共產思想。

1949 年 8 月，鍾浩東遭到保密局拘捕，隨即遭到嚴刑拷打。1950 年 10 月 14 日，他血濺馬場町。當鍾浩東被押出監獄，步向自己的死亡時，陪伴他的，除了拖拉的鐵鍊聲外，還有一曲〈幌馬車之歌〉。

「黃昏遠方／落葉飄飄／行道樹的馬路上／離情依依／送走載你的馬車／去年的別離變成永別」鍾浩東唱著，然後一個個聲音響起，是所有的獄友，一起唱著這首歌，為他送別。

●轉型正義的血色紀念

許多人在馬場町刑場被槍決。有男有女，有老有少，有懷抱

理想的劇作家、勤於創作與教學的版畫家、只想繼續學業的高中生、維護自由言論不遺餘力的記者、被牽連的無辜百姓，與官場爭鬥的失敗者。

然而在白色恐怖被視為理所應當的年代過去後，卻迎來了「要大眾理解白色恐怖，不過是特定政黨為了選舉而消費苦難」的這類指責。在轉型正義的概念仍難以普及的初解嚴社會，這段歷史因而長久地被遮蔽掩蓋。一度令人感到恐怖的馬場町刑場亦被人遺忘，只剩下青年公園裡那些模糊的靈異傳說隱約地留下了「恐怖」的記憶。

直到 2000 年，馬場町刑場才在受難者遺族、研究者與關心者的長期努力下，成了「馬場町紀念公園」，並在每年的 11 月舉辦秋祭以慰受難者之靈。逝者的苦難或許已矣，但生者卻不然。而那座土丘，將一直提醒著我們，再也不要重蹈覆轍。

不義遺址

文／路那

教學提示：

1 什麼是不義遺址？

2 在轉型正義工作中，我們該如何處理不義遺址？

參考資料：

國家人權館不義遺址資料庫：https://hsi.nhrm.gov.tw/home/zh-tw

顏世鴻，《青島東路三號：我的百年之憶及台灣的荒謬年代》，啟動文化，2012

柳嘉信，〈西班牙的轉型正義—從「選擇遺忘」到「歷史記憶」〉，《台灣國際研究季刊》10:2，2014

張維修，《台灣白色恐怖時期相關史蹟點調查案總結報告書》，國家人權博物館籌備處，2015

路那，〈【黑色旅遊】第五站：捷運善導寺站－青島東路三號舊址上的喜來登大飯店〉，https://ohsir.tw/4322/，2019/7/16引用。

諶淑婷，〈德國的學校教育曾刻意跳過納粹那段歷史？——專訪蔡慶樺《美茵河畔思索德國》〉，https://okapi.books.com.tw/article/11802，2019/9/15引用。

陳宥喬，〈德國歷史教育（一）：面對轉型正義，歷史課本永遠需要修訂〉，https://www.thenewslens.com/article/113709，2019/9/15引用；〈德國歷史教育（二）：從「加害者」角度介紹納粹血淚史〉，2019/9/15引用。

在台灣影史上，1989 年發行的《悲情城市》與 1994 年上映的《超級大國民》，都是長期以來備受讚譽的電影。然而相較於已經成為九份印象的《悲情城市》，同樣在地景上有許多可供訴說之處的《超級大國民》卻較少受到同等的討論。為何如此呢？

原因或許在於，《悲情城市》所描繪的九份，如今已成為旅遊勝地。旅遊勝地的「非日常」性質，讓《悲情城市》所講的恐怖故事與我們之間有著一段安全的距離。然而，在《超級大國民》中所講述的恐怖故事，卻是發生在台北這個百萬人天天行經的大城市之中，它太過日常。

或許讓受難的人因難以忍受而決定遺忘，讓加害的人因不願暴露而選擇掩蓋。於是在以都市更新為名的旗幟下，一棟棟建築被推平再蓋起。而人是這樣的，若缺乏可以握在掌心的實體，或是看不到曾經矗立眼前的物體，便難以緬懷過去。記憶與地景之間的關聯是那麼的緊密，以至於消滅了地景，也就驅逐了記憶。

●不義遺址的意義與爭議

「不義遺址」指的是「國家透過不當手段和體制系統，傷害人權的種種不義作為，所發生的歷史現場」。在國外，通常又被稱

為「負面遺址」（Negative Heritage）。

　　與「不義」相對的，自然就是「正義」了。然而不義與正義要怎麼區分呢？何為判準？又由誰來判斷？以台灣來說，有許多人認為「白色恐怖」正是「國家透過不當手段和體制系統，傷害人權的種種不義作為」。但卻也有些人認為這些作為都是為了維護國家體制的穩定，「非常時期有非常作法」，不應以「不義」視之。

▼
參考：〈戒嚴體制〉

　　「不義遺址」的相關討論，因牽涉到歷史記憶、詮釋與認定的不同，時常深陷泥沼。曾在台灣留下活動遺跡的西班牙，也面臨類似的問題。西班牙在 1939 到 1975 年間，由佛朗哥將軍獨裁掌權。佛朗哥將軍過世後，掌權的璜・卡洛斯一世（Juan Carlos I），陷入了該如何一邊維持政權穩定，一邊推行民主化的困難處境。在佛朗哥將軍過世後將近三十年，才在 2007 年通過了《歷史記憶法》。這部法律不僅要求政府保留受難遺跡，更要求政府必須移除威權遺緒的地點。

　　什麼是「威權遺緒的地點」？該法的第五條明定「禁止公共建築出現任何獨裁政權的符號和標誌，包括牌匾、街道名稱、雕像、紀念碑。所有歌頌佛朗哥及其獨裁政權的象徵，都要拆除或改名。」

簡單地說，所有以佛朗哥為名的道路、雕刻其形象的雕像、讚頌其作為的紀念碑都屬此類。

然而如同先前所提，在長期威權的遺緒下，西班牙也不乏認為佛朗哥的作為都是「非常作法」，不應「一竿子打翻一船人」。西班牙的「烈士谷」（Valle de los Caídos，或譯「英靈谷」）爭議，正是在此基礎上開展的。

所謂的烈士谷，類似我們的忠烈祠，用以紀念對國家卓有貢獻的軍人。佛朗哥的烈士谷，安置的是 1936 到 1939 年西班牙內戰中戰死的軍人，佛朗哥本人也長眠於此。然而建造它的工人，卻有許多是因立場不同而遭到下獄的政治犯。烈士谷該不該撤除，甚至拆毀重建？佛朗哥的墳墓是否該改遷他處？這一度成了西班牙熱烈討論的議題。官方委託的專家委員會最後的決議是，政府必須移出佛朗哥的遺體、標註罹難者名單、註解獨裁時期的標記，並說明內戰始末。

●德國難以平復的罪惡與傷痛：納粹

除了西班牙外，最常被拿來做為討論範例的，應是德國面對納粹歷史的方式了。在 1941 年到 1945 年間，獲得德國統治權的納

粹黨人（Nazi），在德國與其盟國境內、及占領區等，對猶太人展開了慘絕人寰的種族滅絕行動。根據統計，當時歐洲的猶太人約有900萬人，有600百萬人被害，其中包括了約150萬名兒童。加上非猶太人的受難者（如波蘭人、斯拉夫人、羅姆人、同性戀者、耶和華見證人、身心障礙者等），總受害人數約有1100萬人之多。 ▼參考：《借問阿嬤》〈納粹／納粹主義〉

受難人數如此廣泛的事件，負責執行的人數也相當驚人。據統計，光是參與執行大屠殺的人數，就超過20萬人。

面對這樣龐大的人數，德國人該怎麼執行轉型正義？他們做了什麼？

他們首先舉辦了大審。1963年，德國在檢察總長弗利茲・鮑爾（Fritz Bauer）的推動下，藉由法蘭克福大審，首度由德國司法體系做出對納粹的審判。鮑爾想審判的，不只是「下令的那些人」。他更想知道的是「從旁協助的人」應該負上什麼樣的責任。

鮑爾的努力在當下並沒有立刻開花結果。法蘭克福大審偵訊了一千名嫌犯，被起訴的只有二十人。他受到的敵意，比起鼓勵要多更多。然而他的行動，卻讓生於戰後的一批年輕人恍然驚覺，他

們受到的教育中，原來缺了那麼一段慘酷的歷史。

年輕人們起而抗議。他們發動了六八學運，質疑學校教育為什麼刻意跳過納粹歷史？他們發現，原來課綱的制定者，有許多人在納粹時代也是掌權者。他們怎麼可能願意批判過去的自己呢？

這個問題自此而後不斷地被提出，德國社會開始透過制定法律、重新檢討教科書史觀、研究歷史、維護不義遺址、排除納粹象徵等等作法，逐步地成為施行轉型正義的指標性國家。光是在柏林，與這段歷史有關的研究機構、遺址與博物館，就超過了三百處。不過，即使是「模範生」的德國，在戰後七十年的今日，仍尚未完全處理完與轉型正義相關的議題。不僅如此，「新納粹」的陰影，也仍然潛伏於今日的德國社會之中。

●他山之石，如何攻錯？

在西班牙與德國艱困前行的轉型正義經驗中，台灣又可以從中學到什麼呢？台灣各地屢見不顯的「中正路」，乃至於佈滿蔣介石雕像的慈湖公園，難道不是一種威權遺緒的日常地景嗎？由於太過日常，我們甚至難以辨識，遺忘了路名其實是一種咒語，它讓所有的用路人不得不一再地重覆記憶它的名字。以隱蔽不義遺址的同

一套邏輯，讓威權遺緒透過日常的一再展現，銘刻於所有人的心中。

你知道嗎？現在的凱達格蘭大道，是過去的「介壽路」，這個路名是給蔣介石祝壽用的。現在台灣各地，還有許多「介壽路」、「介壽國中」、「介壽國小」的存在。住在這條路、從那些學校畢業的人們，多數不曉得路名背後的緣由吧？然而被傷害過的人卻會在每次有人不經意地提起這些名詞時持續地受到傷害。

《超級大國民》中，許毅生曾遠眺「中正紀念堂」的景色。你覺得他當時的感受會是什麼呢？

由於台灣在 2017 年才終於通過《促進轉型正義條例》，目前被認定為不義遺址的地點，多半相當分散，唯有一處例外，那就是在黨國統治的重地，台北。也因此，台北成了最適合講述《超級大國民》主角許毅生如何追蹤好友「陳桑」葬身之地，並在過程中重新走一遍這些事件所發生的地點。

在許多人日日行走的城市裡，到底埋藏了什麼樣的不義遺址呢？

● 被遺忘的不義地景

　　電影中，一開場驚醒許毅生的，就是他夢到「陳桑」在馬場町被槍決的經過。如今馬場町以堤防區隔，堤內是房價與生活機能均被看好的青年公園，堤外的舊刑場則成了風光明媚的河堤公園。而當許毅生鼓起勇氣，前去尋訪拔走他十片指甲的警備總司令保安處，卻發現原本堂皇的建築已被拆除，在那廣闊的基地上，冒出來的是充滿娛樂氣息的「獅子林商業大樓」、「西門武昌誠品」，與小吃店林立的「六福大樓」。

　　同樣的景況，也發生在許毅生搭乘計程車縱橫台北的過程中。當計程車行駛過繁華的忠孝東路，已經沒有多少人記得這裡曾經是歌頌獨裁者的「中正路」。至於過往中正路上那令人聞之色變的「警備總司令部軍法處」呢？它竟搖身一變，從眾人避之唯恐不及的所在，成了政商名流蜂擁前去的高級飯店，也就是今日的喜來登飯店。

　　1981 年，舊稱來來香格里拉大飯店的喜來登大飯店，正式在忠孝東路一段 12 號開幕。交通方便、新穎舒適的來來香格里拉大飯店很快地便成為台北市內知名星級旅館。成為五星級飯店之前，來來香格里拉大飯店的所在地，本是國有財產。這塊位於台北考棚

附近的土地，在清代是商務局與練兵場共存之地。日本政府到來後，商務中心移到了台北城內，此地成了騎兵營與練兵場。隨著台北城的擴張與都市計畫的施行，日本人將軍隊遷移到他方，另將此地改建為陸軍倉庫。

挺過二戰中美軍轟炸的倉庫，在戰後被國民政府接收。當時一窮二白，沒什麼貨物可堆放的國民政府，倒是有不少人要關。倉庫被改為監禁的牢房，關著接受軍法審判的軍人。1949年中華民國政府遷台後，台灣省保安司令部軍法處與國防部軍法局等機關進駐此地，設置了看守所。此後，這裡成了政治犯「要殺要關」的最後一站，因此也被稱為「鬼門關」。

被送到這裡的政治犯，多半已經歷殘酷的審問拷打。然而由於人數過多，這些已經奄奄一息的政治犯甚至無法躺平睡覺。根據受難者的回憶，由於地方太過狹小，因此「大家都坐著，睡覺時再輪流睡，有的坐著睡、有的站著睡、有的躺著睡。」甚至有人說，「夜晚睡覺時，有三分之一以上的人站著……環境比豬圈還糟糕，猶如人間地獄。」地獄裡，最驚心動魄的時點，是連夜貓子也都睡眼惺忪的凌晨四、五點。因為這個時刻被押走的囚犯，就是被抓到馬場町去槍斃了。

　　此地既然是鬼門關，除了暫時監禁之外，也必然有著審理與判決案件的功能。與普通法院透過三級三審把關司法錯誤，保障被告訴訟權利不同，當時的軍事審判可說相當地有「效率」，為了國家反共的需要，秉持著速審速判的原則。此外，被控犯罪的政治犯們則連個辯護律師也沒有，更別提認真的去討論政治犯們到底有沒有犯下被指控的罪名了。

　　隨著韓戰、越戰與冷戰的態勢發展，在美國羽翼下日趨穩定的台灣經濟迎來了起飛的信號。隨著經濟情勢好轉，加上政府機關對防空疏散的戰略考量下，政府決定開始著手整理市區內的精華土地，將軍營、特務機關與監獄等搬到郊外，以促進市區的開發。1967 年，此地被分割成兩塊，轉售給民間進行開發。北邊的半塊由國泰集團的長子蔡辰男拿下，建立了來來香格里拉大飯店。南邊的半塊則由建商開發成民宅。北邊的喜來登飯店與南邊的民宅間，以「鎮江街 1 巷」隔了開來。一度戒備森嚴的區塊成了人們日常的居所與享樂的要地，此地深夜裡曾迴響的腳鐐手銬聲，逐漸被居民與遊客的嬉笑怒罵所取代。

　　1985 年，台灣爆發了震驚全台的金融弊案「十信案」。國泰集團被迫將金雞母來來大飯店轉賣給鴻禧集團。十七年後，蔡辰男的三弟蔡辰洋擺脫了過往的陰霾，再度拿回了飯店經營權，即是今

日的喜來登飯店。這座建造在不義遺址之上的飯店，意外地成了台灣金融史的見證。

　　關於喜來登飯店，有一件奇怪的事情是，這座建造在不義遺址之上的飯店並不鬧鬼。從來沒有住客半夜驚醒，發現周遭有許多好兄弟姊妹們站著坐著躺著睡成一團，也沒有住客繪聲繪影地講述他們凌晨四、五點時會在房間內聽到走廊上有著重物拖行的聲音。對於一個真正有著血淚與恐怖交織此類歷史的地方而言，喜來登（與周遭的民宅）實在是安詳寧靜地過分了。

　　你覺得這是為什麼呢？

負罪的
生還者

文／孫世鐸

教學提示：

❶ 我們該如何理解或想像作為一個「生還者」的心境？請試著想像從白色恐怖生還的人會帶著什麼樣的創傷？哪些行為可能是創傷的表現？

❷ 生還者們所留下來的證言在我們對白色恐怖的認識與討論的意義是什麼？

參考資料：

宮地尚子著，李欣怡譯，《環狀島效應：寫給倖存者、支援者和旁觀者關於創傷與復原的十堂課》，經濟新潮社，2019

普利摩・李維（Primo Levi）著，吳若楠譯，《如果這是一個人》，啟明出版，2019

　　一般以歷史事件為主題的影視作品，往往著重「歷史場景的重建」，期待帶領觀者透過銀幕進入一個在現實中無法親身觸及的時空。然而，《超級大國民》卻將敘事主軸置放在「歷史的殘跡」——無論是空間的變幻 [參考：〈不義遺址〉]，或是事件在當事者身上作用產生的結果 [參考：〈幻肢痛〉]。換句話說，相對於對「歷史是什麼」的關注，創作者在此更加關注的是「歷史對於現在的我們而言是什麼」。因此，我們能夠想像，如果在「白色恐怖」這樣的事件中，沒有任何一個人能夠生還（survive），就不可能有人去講述歷史與歷史的殘跡。舉例來說，如果許桑沒有生還，他就不可能講述被關押的記憶、商場與大飯店的前世今生，乃至於他的創痛。如果所有人都無法生還，事件本身就將宛如不曾發生過，無法成為歷史，灰飛煙滅。可以思考看看，如果我們活在一個完全沒有歷史的世界中，我們現下的生活會是什麼模樣？

　　生還者，是讓過去和現在能夠連結起來的鎖鏈。

　　然而，在白色恐怖這樣有許多人失去生命的事件裡，因為共同的受難經驗，讓生還者和死者間產生了不在共同受難之列的人難以理解的共同感，他們彼此間甚至產生超越親人的連結。如果生還者曾經不斷看見身邊的生命消逝，當他好不容易熬過隨時可能被殺死的巨大壓力，真正生還（例如：出獄）之後，隨著時間過去，他

會越來越質疑：「為什麼那些死去的人不能夠活下來？」進而時時刻刻自我質疑：「為什麼是我活下來？」這樣的問題給予生還者極大的負罪感，也讓生還者在未曾經歷事件、沒有共同經驗的人群中成為孤島一般的存在。

●生還者的證言

對全體人類而言，20世紀堪稱「大屠殺的世紀」，在全世界的不同角落，都有因為種族、意識型態等各種因素造成的大屠殺。作為一個歷史事件被傳述的大屠殺，似乎比較像是一個抽象的概念，特別是當死亡人數多到超越常人思維的程度時，我們也會變得難以理解他們所受到的苦難。因此，生還者的證言，就成了我們如何真正理解大屠殺的重要線索。以最為人所知的，納粹對猶太人的大屠殺為例，著名的生還者李維（Primo Levi）就以他的親身經歷，為猶太人如何被納粹押送到、囚禁在集中營，集中營的生活，最後被送到毒氣室的過程等等，寫下了許多重要的見證。然而，他卻在生還多年以後自殺身亡，且沒有留下任何遺言。有論者認為，他因為用盡一生心力書寫大屠殺，卻仍然飽受社會質疑，感到徒勞無功與充滿內疚，沒有為死去的人做到任何事，才會走上絕路。或許我們不容易對李維的境遇感同身受，但也能夠想像，如果今天任何的表達都無法得到外在世界友善的回應，我們該如何自處呢？

從這個角度出發，我們不難想像，生還者要能夠開始述說，並不是容易的事情。若以鄰近台灣的柬埔寨為例，1970 年代中期，執政的紅色高棉政權，為了肅清異己而屠殺了 200 萬人。這段歷史為柬埔寨帶來巨大的創傷，柬埔寨人稱之為「baksbat」，是指「失去勇氣」的意思。據柬埔寨人的描述，它讓人感覺像是處在一口深井的最底處，不敢看任何人也不敢聽任何訊息，也因此對於任何事情都失去感覺。這樣的遺產會一代傳給一代，讓柬埔寨人失去了推動社會前進的力量。也因為這樣，紅色高棉大屠殺的生還者長期是暗啞的，甚至有調查顯示，在 2003 年時，有四分之三的柬埔寨人對這段歷史毫無認識，顯示能夠從大屠殺中倖存的人，並不一定有勇氣向晚輩述說他們的遭遇。

●生還者如何與社會互動

日本的精神科學家宮地尚子，在《環狀島效應》這本書中，建構了關於創傷的「環狀島模型」：當暴力事件（微觀至性侵、巨觀至大屠殺）的倖存者開始能夠說出遭遇時，原本沉沒在「海底」，無人知曉的事件才有可能「浮出水面」，而逐漸有人進入環狀島的「外海」，成為對事件有所了解的旁觀者，甚至進一步攀爬上環狀島，提供倖存者所需的支援（參見〈平反運動〉詞條及〈補償條例〉詞條中，帶領二二八平反運動的民主運動者，或協助平反立法的立法委員）。

這些支援者也會和倖存者並肩作戰，試圖讓位在環狀島「上空」，始終隱身的加害者必須現身。運用這樣的「環狀島模型」，可以協助我們進一步認識在台灣，白色恐怖的生還者是如何與社會互動的。

在台灣，儘管沒有百萬人規模的大屠殺，因為白色恐怖而入獄或被槍決的人相對還是社會上的少數，但並不代表述說自己的遭遇，對於出獄的生還者而言，就是一件比較容易的事。在戒嚴時期，整個社會對政治犯仍然抱持恐懼，所以政治犯家庭多半會對小孩避談，甚至很多小孩在長大成人以後，才知道為什麼小時候父親或母親會長年不在家。連對親人都不能訴說的事情，當然更難對公眾訴說。這種大規模的緘默讓白色恐怖在台灣社會，有很長的一段時間都是沈沒在「海底」，無人知曉的事件。在環狀島沒有浮出水面的情況下，絕大多數人連進入「外海」，成為旁觀者的機會都沒有，遑論對生還者有所支援。

從「無法對親人訴說」出發，我們可以理解除了「生還」之外，負罪感還有更複雜的層次。透過《超級大國民》片中許桑和妻子、女兒的互動，我們會看到政治犯對家人的負罪感。事實上，在戒嚴時期，政治犯的家屬生存處境往往宛如二等公民，不僅要日復一日面對警察的騷擾，在社會上也備受歧視，求學、求職都會遇到許多

困難，這也是為什麼晚近的白色恐怖歷史研究，逐漸將「受難者的家屬」也等同視為「受難者」。 參考：〈獄外之囚〉 更艱困的是，政治犯在被捕時，財產也會被沒收，因此家人的生活往往會陷入困難，這都讓受難者在生還後的負罪感更加巨大 參考：〈補償條例〉 ，而可能長期無法訴說自己的情感。就像許桑述及記憶時多以內心獨白呈現，對女兒也總是噤口不言。

《超級大國民》也呈現出「受害者」因為成為「加害者」而懷抱的負罪感：許桑因為承受不住刑求，供出陳桑，但他一直以為陳桑已成功逃脫，直到後來在獄中看到陳桑被押送去槍決，才知道陳桑還是被逮捕了。因此，出獄後的許桑不僅僅是一個生還者而已，他更認為自己是害死陳桑的「加害者」。所以我們可以想像，儘管電影中並未言明，但許桑步上尋找陳桑被捕之謎的旅程，有一個很重要的原因是希望「找到一個解釋」，讓他從負罪感中解脫出來。在台灣白色恐怖的歷史中，其實「加害者」與「受害者」並沒有想像中那麼截然二分，有人像許桑一樣不堪刑求而招供，他就可能背負起加害者的角色。這種加害的負罪感比生還更加沈重，往往成為生還者縈繞不去的陰影。

在環狀島模型中，沒有隨環狀島浮出水面，而沈沒在內部海域的，是所謂的死者——可能是真正已死去的人，也可能是不再

有能力對創傷發出聲音的人。我們可以在《超級大國民》看到，這些沈沒在「內海」的死者，並不因為他們不再主動發出聲音，而不對生者（無論是生還者、旁觀者或加害者）的世界造成影響，生者和他們之間的各種羈絆，都持續影響著生者的各種行動。但對生還者而言，倍感無力的卻是他們不可能再對死者產生任何影響，就像許桑不只是無法改變陳桑的死亡而已，對於深陷被監控恐懼之中的吳教授，同樣無能為力。唐代詩人張籍曾寫下「欲祭疑君在，天涯哭此時」，敘述詩人未知故人死生，想要祭拜卻又懷疑對方仍在世上的心情。類似的感受也展現在《超級大國民》片尾許桑祭拜難友的場面、許桑和年輕的妻子與年幼的女兒重聚的場面——死者其實並未真正消逝，死者始終與我們同在。

生還的負罪感、對家庭的負罪感、對難友的負罪感，都有一個共通點：無能為力。這種無能為力讓白色恐怖不僅是製造了大量死者的歷史事件，更是至今仍持續糾纏台灣社會中所有生者的幽魂。

● 述說故事的人

1980 年代後期，隨著解嚴、民主化，孩子長大成人，許多逐漸年老的受難者意識到不能再保持沈默，於是開始嘗試承擔起述說

記憶，讓死者的故事能夠不致灰飛煙滅的角色。他們的述說讓白色恐怖這座環狀島逐漸浮出水面，也終於開始有人能夠進入外海成為旁觀者、攀上環狀島成為支援者，進而共同追索環狀島上空始終未曾現身的加害者。相對於世界上多數有類似歷史經驗的社會來說，台灣相當獨特的地方在於，有許多生還者投入了向年輕世代述說記憶的工作。從 2000 年首次政黨輪替之後，許多受難者積極地倡議保存各種歷史記憶，包含要求政府將過去關押審訊政治犯的場域轉型為人權博物館，並協助其空間重建、在其中為參觀民眾導覽等等。這些工作讓死者的故事能夠繼續被傳述，也讓「與死者同在」的生存狀態，轉化出更積極的意義。

然而，由於台灣的國家定位問題並未隨著政治民主化而解決，加上白色恐怖受難者本身就涵蓋了橫跨統獨與左右，相當歧異的意識形態光譜，不同陣營的政治力量也沒有勇氣積極正視這些「死者的故事」如何可能對我們當代的民主生活帶來啟發。因此，儘管生還者費力述說，台灣社會對於白色恐怖歷史，仍然既欠缺「記憶的共同感」，也欠缺情感層面的理解基礎，彷彿死者只是「與我們無關的過去」。

在這樣的欠缺下，對於談論這段歷史的恐懼或排斥，至今在台灣社會中仍是常見的情緒。也因此，在 2018 年成立的促進轉型

正義委員會，就有一項工作是負責協助受難者及家屬的心理療癒，
乃至促進社會對這段歷史的了解與對話，一方面透過藝術創作等途
徑，讓至今仍然難以述說記憶的受難者及家屬，可能逐漸找到表達
的語言，一方面也以故事巡演等方法，讓不同地區的民眾，更加認
識自己居住、生活的環境曾經發生的白色恐怖事件，理解其中角色
的遭遇。

　　事實上，白色恐怖歷史是整個台灣社會共同繼承的遺產，白
色恐怖中的許多死者與生還者曾經向時代爭論的政治問題，也是我
們今天仍舊爭論的政治問題。如果負罪的生還者為我們展現了「白
色恐怖是什麼」，將過去和現在連結起來；那麼，我們都有責任透
過思考與行動，去回應「白色恐怖對於現在的我們而言是什麼」這
樣的問題，才有可能將現在和未來連結起來。

幻肢痛

文／陳佩甄

教學提示：

1 幻肢痛如何成為一種隱喻被使用於藝術創作中？

參考資料：

Melzack, Ronald. "Phantom Limbs, the Self and the Brain (the D. O. Hebb Memorial Lecture)." Canadian Psychology 30 (1989): 1-16.

Merleau-Ponty, M. Phenomenology of Perception. Trans. Colin Smith. London: Routledge, 1962.

謝繕聯，〈面對「失去」，徐叡平帶我們感受《當幻肢又痛了起來》〉，國藝會線上誌：https://mag.ncafroc.org.tw/single.aspx?id=606

　　《超級大國民》電影中後，主角許毅生拜訪了同被判處無期
徒刑的林文揚。在郊區的古厝前對他傾吐：陳先生的事情已經過去
三十幾年，為何他一直無法忘記？林先生聽完後，說了以下故事：
「以前有個人，他的五根手指頭被石頭都壓得粉碎了。醫生替他動
手術，把整隻手割掉。手術後，他又去看醫生，說他的五根手指還
在痛。醫生說你都沒有指頭了，怎麼還會痛呢？是呀！手指都沒有
了，怎麼還會痛呢？是這裡（頭部）在痛。」許毅生接著回：「我
明明看見陳先生已經順利逃脫了。」林文揚回應許毅生的故事，以
及許毅生無法處理的「失去」經驗，即是典型的「幻肢痛」（phantom
limb pain）。

　　自法國軍事外科醫生 Ambroise Pare 在 16 世紀首次記錄了「幻
肢感」之後，幻肢的研究每年都在增長。幻肢感是一種截肢後的異
常感覺，有帶痛感與非疼痛的案例。無論截肢的原因如何，對於患
者來說，幻肢痛是一種十分常見的情況；但這種情況可能導致非常
痛苦並致殘的症狀，因此應區別於非疼痛的幻覺。此外，醫學研究
成果對於中樞神經系統誘發的幻肢痛已有大量臨床證據，但環境機
制和心理因素的作用，對於理解幻肢痛的發病機制同樣重要。除了
醫學領域的討論，在心理學、哲學、文學、藝術等領域，對於幻肢
痛如何再現創傷、憂鬱、哀悼等面向也有諸多論述。這些心理、情
感面的創傷經驗，很弔詭地能夠透過「幻肢」而得以為人所知。

● 「幻肢痛」與哀悼失去

　　現象學大師梅洛龐蒂（M. Merleau-Ponty）曾提出：「幻肢痛」是對「失去」的體現。既有心理學研究，如弗洛伊德的《哀悼和憂鬱》的悲傷理論，通常將哀悼描述為無實體狀態。梅洛龐蒂則認為，我們可以透過神經學的角度來理解失去親人的痛苦；幻肢痛作為一種身體、同時也是心理和情感的現象，能幫助我們充分理解生活中的悲痛。

　　更具體來說，梅洛龐蒂將幻肢視作身體慣性經驗的補償，因為身體「拒絕」放棄它的過去。被截肢者在截肢後繼續感覺到身體部位的存在，當他們將目光轉向肢體時，卻發現它已經消失了。畢竟身體是我們存在於世界中的載體，我們與其他物體、環境之間的互動經驗，最終成為無意識的習慣。而這樣的習慣經驗當然也會記錄在與其他人的互動歷史中。梅洛龐蒂強調身體與世界產生的「承諾」，完全可以應用於一個人對至親、或生命中十分重要的人的承諾。在這兩種情況下，物理性的和情感的參與都是纏繞在一起的。因為我們反覆進行的、物理性的習慣，會讓「失去」身體的感受與理解不斷自我更新。我們一次又一次地想要使用、觸摸已失去的身體部位，而這些失敗的嘗試與落空有如悲傷的體現。

　　這種循環、不斷重複的失去感，不經意地出現在日常生活中：患者會將已截肢的手伸向電話，或試圖推開一扇門；早晨甦醒後要下床，雙腳踩在地上時才意識到一條腿已經沒了。對此，加拿大心理學家羅納德・梅爾扎克（Ronald Melzack）強調，我們不應該將這種經歷視為一種失敗、或生活失靈，幻肢其實代表了身體的正常體驗。因為很明顯的，我們對身體的體驗可以在沒有身體的情況下發生：我們不需要身體來感受身體。但對於幻肢痛的患者來說，感知與現實之間的反覆出現的不協調，會使得疼痛更加嚴重而不是消散。幻肢經常從感覺正常存在、到感覺肢體行動笨拙、到感到幻肢劇烈疼痛，從而成為患者意識中的壓倒性存在。梅爾扎克認為，這種疼痛是由不斷嘗試、並且認知到肢體依舊存在的重複過程引起的。因此幻肢引起的痛苦不僅是來自於失去，而是來自患者對肢體持久存在的信念。這種信念最終在身體上表現為崩潰或扭曲，截肢者的身體就是為了感覺「正常」而使用幻肢，但卻隨之踉蹌、絆倒或垮掉。

　　相對於身體的反覆嘗試，心理與情感面的「失去」或「創傷」卻經常被黯然深鎖於經驗底層，甚至被拒絕、否定。換句話說，「幻肢」現象能夠凸顯患者失去部分身體、肢體的事實，但是心裡頭的傷、情感上的痛，如何才能被看見？電影主角許毅生並沒有失去肢體，那麼林先生為何要以幻肢痛的例子回應他的「無法忘記」？對

於許毅生這樣的政治受難者，我們是否只會看到他坐了多久的牢、受過多嚴酷的刑求，並以此來衡量他的創傷程度？然而坐牢、刑求結束後，就代表這些受難者的傷痕、苦痛也跟著結束？

許毅生的經驗彰顯了我們必須更進一步注視政治受害經驗的後續影響，以及傷痛展現的不同樣態。例如一個在戰爭中同時失去肢體與袍友的士兵，雖然存活下來也傷癒了，但在幻肢痛出現同時，不僅是失去的肢體在幻痛，更經常伴隨對逝者的罪惡感或痛苦情緒。這時的幻肢痛不單純是物理、神經性的徵狀，更多是由深藏在心理面的創傷經驗而引發。又或者一位因遭受嚴刑拷打而失去身體部位的政治受害者，其幻肢痛反覆出現、以及發生的當下，可能是與其長期噤聲不提的受刑經驗有關，又因為一個相關的物件或訊息而受引發。

這也是前述的幻肢痛的治療，經常涉及複雜的成因，更包含心理因素，不單是神經學、藥理學可以處理。但若要將神經模型的結構應用於理解、處理悲傷情緒，我們必須考慮將另一身體作為自己身體元素的一個過渡。如目前治療幻肢感最常運用的方法「鏡箱」，是讓病人將健在的另一肢體放入鏡箱中，以鏡子的對稱鏡像映出肢體健全的視覺效果，患者此時擺動健在的肢體，調整影像在幻肢上形成的錯覺，進而修正幻肢感。梅洛龐蒂則提出將身體慣性

與生活物件結合，將帽子、輔輪或拐杖移植到生活習慣中，或甚至直接將它們融入我們身體。如此一來，身體慣性能提供我們擴大參與生活環境的能力，或者通過挪用新工具來改變我們的存在方式。

然而，目前對於白色恐怖、政治受害者的心理創傷描寫還不多，也尚未能進一步設想許毅生的療癒方式。我們或許可以先透過相關的文學藝術表現來進一步想像、並且理解政治受害者的創傷經驗，特別是與「失去」這個主題密切連結的案例。

●文學藝術裡「幻肢痛」的借喻

上面簡要提及的哲學、心理學的討論，為「幻肢痛」提出更多不同理解的角度。文學與藝術則能更細膩地以具體生活事件描述、呈現幻肢與創傷經驗的連結，甚至反過來讓「幻肢」替代「失去的親人」或「無法言說的傷痛」，由此讓非殘疾者、政治事件的後生晚輩也能透過文學或藝術，連結自身哀悼或失去的經驗。

在英語文學中，著名的女性主義作家維吉尼亞‧伍爾芙（Virginia Woolf, 1882-1941）曾在《到燈塔去》（To the Lighthouse, 1927）中描寫主角喪偶後的情緒。失去親密伴侶的主角，即是以身體部分的怪異感來感受至親的缺席。她寫到：「在一個陰暗的早晨，

拉姆齊先生沿著走廊蹣跚而行，他向前伸出胳膊，但拉姆齊夫人已於前晚突然逝世，他雖然伸出了胳膊，卻無人投入他的懷抱了。」僅以簡單兩行文字，伍爾芙描繪了哀悼者發現原本佔據身體習慣位置的親人已經不在時，身體產生的困惑和不安。小說人物在具體的臂膀間感受到失去與空缺，這樣的經驗就像幻肢一樣，是透過對物質存在的錯誤認識來紀念失去的親人。

　　英國詩人阿爾弗雷德・丁尼生（Alfred Tennyson, 1809-1892）在懷念摯友哈勒姆（Arthur Henry Hallam）的詩作《悼念》（In Memoriam, 1850）中，亦以「空蕩的手臂」表達他對朋友哀悼。與拉姆齊先生一樣，丁尼生筆下的哀悼者經歷了一種困惑，對身體已經失去的連結產生期待，因為他們無法適應失去至親這件事，以及親人在自己身體和生活環境裡留下的空缺。另外還有像美國詩人馬克・多蒂（Mark Doty）描寫的至親離去後「殘留的身體感。」在其回憶錄《天堂的海岸》（Heaven's Coast, 1996）中，多蒂描述了當他的伴侶因愛滋病病逝之後，背部出現的嚴重痛症。因為伴侶在世時，他多次為了照護而需要扛著愛人的身體，在愛人死後仍然感覺背部承受著重壓；而這樣的「錯覺」，讓他陷入混亂。

　　這些文學表現裡的哀悼主角，都和許毅生一樣，並沒有「真正」失去身體部位，而是失去至親好友。林先生或許是要以「幻肢

痛」來提醒許毅生，因為讓你悼念的人已經不在，但你不知道要怎
麼接受、表達失去這個人的悔恨、痛苦，所以你無法忘記，甚至在
記憶中讓悼念的人「逃亡」，不願接受已經發生的「空缺」。而許
毅生的痛苦又不只是來自失去政治戰友，也包含自身的政治受害經
驗，因此即使不是失去至親，其他創傷經驗、以及生活的失能也可
以透過「幻肢」來理解。

在台灣當代文藝創作中，作家陳雪（1970-）亦曾以「幻肢」
再現受虐的創傷、生活停滯的沮喪。在小說《鬼手》（2003）中，
「鬼手」既象徵作家書寫無能、又明示故事主角的受虐經驗。甚至
在作家真實生活經驗裡，已經開刀摘除的子宮還是會週期性疼痛；
因為月事、荷爾蒙已經痛了幾十年，身體還記得，並且再現了那個
痛。同樣的，詩人何俊穆（1981-）也以作品《幻肢》（2014）討
論關於寫作、情感、身體的失去與苦痛。「幻肢」對詩人來說有著
「旁觀自己痛苦」的中介作用，也是體現恆常的「失去」經驗。藝
術家徐叡平（1989-）更直接以《當幻肢又痛了起來》（2015）為題，
探問「我們以『失去』建構『擁有』的概念，因為曾感受過失去才
了解什麼是擁有」的經驗。同時具有職能治療專業的徐叡平，即曾
以作品〈假動作〉討論前述的幻肢痛的「鏡箱」療法，運用閃頻儀、
假手創造視覺假像，讓觀者得以經驗現實與感受之間的落差。藝術
文學作品不僅是為了替傷痛者說話，也要讓觀者、讀者「聽到」這

些無聲的痛苦。

　　本文提及的文學與藝術作品，都描繪了「幻肢」或「幻肢痛」的例子，也都圍繞著「失去」這個主題，提供了讀者或觀者共感的可能。這樣的美學手法當然不只「幻肢」這個象徵可以促成，但「幻肢」確實讓無法言說的經驗、內在的空缺得以為人所「見」。若回到《超級大國民》中、林文揚提供的故事來看，許毅生「無法忘記」的不只是已經不在的陳先生，更是他自身背負的創傷經驗。然而他的創傷經驗需要代償對象，因而出現「明明看見陳先生已經順利逃脫了」的混淆與困惑。林文揚或許是以「幻肢痛」來點醒許毅生，接受「失去」、甚至與「失去」共存，才是超脫痛苦的解法。

台籍日本兵

文／馬翊航

教學提示：

❶《超級大國民》中有兩次閱兵畫面分別搭配〈軍
艦行進曲〉與〈反攻大陸去〉，兩首軍歌也一路帶
到了主角帶回台灣志願兵的遺骨與警總派人逮捕讀書
會眾人，導演為何要安排這個類似的構成與對比？

參考資料：

鄭煥，《茅武督的故事》，水牛出版社，1968

陳千武，《獵女犯》，熱點文化，1984

李雙澤等著，《終戰的賠償：台灣現代小說選II》，名流出版社，1986

宋澤萊，《等待燈籠花開時》，前衛，1988

鄭麗玲，《台灣人日本兵的戰爭經驗》，台北縣立文化中心，1995

陳映真，《陳映真小說集6・忠孝公園》，洪範，2001

周婉窈，《海行兮的年代——日本殖民統治末期台灣史論集》，允晨，2009

　　《超級大國民》是一部蘊含強烈悼亡意識的作品，悼亡意識來自於白色恐怖時期受死難友的念懷與負罪心態。｜參考：〈負罪的生還者〉｜當許桑到康樂里貧民區拜訪老難友游仔（游民順）的時候，游民順談起了菊元百貨的童年，也談起了當年被判刑的讀書會成員中，許多人同樣是在南洋時期的老戰友。電影插入了「總督府閱兵」與「太平洋戰爭」的新聞片，以及戲劇重演——從「光榮出征」到「遺骨返鄉」。游仔身為「從戰場回來的人」，也是為亡去的戰友背負戰爭記憶的人。

　　這種「活著回來」的倖存與罪疚心態，與《超級大國民》的主題產生了聯繫，也提醒我們理解「戰爭」（之中與其後）生存下來的人，所面臨的種種艱難課題。曾經經歷過殖民地戰爭時期的台灣人，在戰後由於政權轉換，產生了語言與認同的雙重斷裂。

　　台灣的戰爭期世代也是一個「失落的世代」。他們在 1954 年 8 月的變局中，失去了辛苦學得的語言與文字，以及附著在這個語言的教育資產；他們當中許多人在新社會變成文盲。教育資產的喪失還是其次，最嚴重的是，在打了八年抗日戰爭的中國的統治下，他們被迫對自己的過去與群體的過去，保持近乎絕對的沉默。他們一直沉默著。

周婉窈在《海行兮的年代》中，點出了台灣的戰爭期世代在戰後「失語」的狀況。失語不僅來自官方語言工具的轉變，也來自台灣戰後歷史敘述的國族傾向。由於官方主導的光復／抗戰史觀，與日治時期台灣人戰爭世代的戰爭記憶出現衝突，使得台灣人在殖民地時期的戰爭經驗，無論是主動投身或者被動徵召，往往被視為不可見光的、禁忌的經驗。然而記憶並不會憑空斷絕，壓抑的記憶隨著政治語言的鬆動，也慢慢浮出水面。台籍日本兵經驗，如何重新進入歷史研究領域，以及大眾視域之中，成為了戰後台灣至今的重大歷史課題。

「台籍日本兵」泛指台灣在日本統治時期下，經軍事系統動員參與軍事任務、服役的士官兵。不過值得留意的是，在戰爭時期執行任務的台籍軍人，無論是任務種類、國家意識、戰場遭遇，彼此之間有相當大的差異性，在理解與進入台籍日本兵的討論時，即使他們都面臨了戰爭的極端情境與多重動員，然而經驗之間的差異，仍然需要更細緻的討論與對待。

● 「發現」台籍日本兵

諸多與台籍日本兵主題相關的書籍在 1995 年（終戰五十年，也是《超級大國民》上映的年份）前後出版，包括勝尾金彌《半個太陽：

台灣少年工物語》、花逸文《國共內戰中的台灣兵》、許昭榮《台籍老兵的血淚恨》、鄭麗玲《台灣人日本兵的戰爭經驗》、鄭麗玲《國共戰爭下的悲劇：台灣軍人回憶錄》、陳銘城、張國權《台灣兵影像故事》、蔡慧玉《走過兩個時代的人：台籍日本兵》、周婉窈《台籍日本兵座談會并相關記錄》、潘國正《天皇陛下の赤子新竹人‧日本兵‧戰爭經驗》等。

　　1995 年的 8 月 15 日，開始有論者在報刊上以「終戰」之概念，重新思考戰後五十年以來的歷史詮釋。同年 10 月 25 日光復節，時任台北市長的陳水扁以「落地生根，終戰五十年」為名，由台北市政府舉行系列活動，引來諸多批評聲浪。指責北市府引用日本人之「終戰」一詞，形同遺忘日本侵華史實，甚至被評為是「無知無識的漢奸行為」。陳水扁以及當時的新聞處長羅文嘉以「終戰」是中性詞來回應，希望國人忘了戰爭仇恨，走向世界和平。以「抗日史觀」、「光復史觀」質疑「終戰」的聲音，固然忽略了台灣殖民地時期的二戰記憶，但以「忘了戰爭仇恨」的說法做出回應，也並未適時帶出多元的歷史經驗。不過這些由於戰爭週期紀念活動引發的爭議，也得以讓台灣處理戰爭的不同史觀，在公共領域出現對話，帶動對於戰爭記憶的思考。

　　其中口述歷史、傳記、日記，是補足台籍日本兵失落記憶的

重要路徑。在鄭麗玲採訪撰述的《台灣人日本兵的戰爭經驗》一書中，她以書末短文〈治癒歷史失憶症〉來總結本書採訪撰述的動機與過程。口述歷史與日記、傳記，可視為某種形塑集體記憶的基礎。以磯村生得的自傳《失落祖國的人》為例，他說傳記「純係我個人平凡的戰爭體驗」，但他的自傳同時也是「獻給淪為沒有祖國之民而冤死的戰友」。這個例子正反映了台籍日本兵的戰爭傳記中的特殊現象——必須替那些失蹤的、死去的人說話。（吳平城的《軍醫日記》也有這個現象）如何書寫自身的倖存，以及追記逝者的「生前」，成為戰爭倖存之人的重要任務。

●文學作品中的台籍日本兵

當個人生命經驗因為外在政治環境、內在創傷而難以敘述時，文學寫作則透過虛構、迂迴、史觀選擇等種種路徑，得以描繪戰爭經驗的書寫困境。作家陳千武的《獵女犯》，是台灣文學中處理太平洋戰爭經驗的重要作品。除了半自傳性的寫作（書中角色林逸平的經驗與陳千武有高度的重疊），提供了「見證」戰爭的視角，再版的書名「活著回來」，也是一個重要的隱喻：活著回來，以後呢？以倖存的姿態，面對寄存在自己身體內部的死亡經驗，對逝者的歉疚，以及被迫成為「不可敘述」的生命經驗——活著回來，正是面向死亡。書中角色，出於替軍隊體系

「獵捕」當地原住民成為慰安婦的共犯自省，部隊與戰地中慾望與權力的交鋒，也提供了觀看戰爭中複雜慾望的獨特視角。

　　根據日本厚生省 1973 年的統計，二戰時期的台籍日本兵共有207183 人，軍人 80433 人，軍屬 126750 人，陣亡人數為 30304 人。換言之，戰後復員歸臺的台籍日本兵至少有十數萬人之多。這些從不同戰場，經歷了程度不等的戰爭創傷經驗歸來的士兵，復員之後，更要極速地面臨隨之而來的種種困境。無論是在戰爭時期以學徒兵身份被動員者如鍾肇政，或是戰後第二代作家如陳映真、鄭清文等人，在他們筆下，這些「歸鄉者」的故事，也都輻射出何其不同的生命情境。相較於描繪戰場存亡時刻、同袍之間患難遭遇的戰爭小說，這些歸鄉的故事往往突出了個人的斷裂情境。

　　從南方戰場回到台灣，也因為交通運輸、現地社會變動而有各種不等的時間差距。鄭煥的〈嗚咽的茶樹〉一文中，主人公回到故里，向鄉民探問，希望回到自己的家庭。卻發現妻子改嫁，自己早被當成是亡者。當他在故鄉看見刻著自己名字的墓碑，毋寧成了最強烈、最具象徵性的文學場景。鍾肇政〈中元的構圖〉則是以小說主人公歸鄉後的瘋狂，來呈現戰爭後精神狀態的難以復原。中元節原是祭祀不安的鬼魂，主人公阿木在中元節當天發狂，過去戰場的吃人記憶、妻子改嫁的家庭崩解、與女兒之間的隔閡，與中元節

的祭祀場景虛實交錯。帶出了一個主題：戰後沒有辦法被安撫的人，是否更像是不在「構圖」之內的野鬼？或如陳映真的〈忠孝公園〉，安排了一個積極參與戰後求償運動、充滿激情、時常做日本兵打扮的角色林標，與另一個曾在滿洲國時期在憲兵隊偵緝組供職的東北人馬正濤，在「忠孝公園」相遇。兩人截然不同的戰爭際遇以及選擇，對比「忠孝」公園暗示的疑問：何者為忠？何者為孝？讓戰爭世代與當代政治的認同辯證，以及陳映真在小說中對人物結局的安排（後者自殺、前者發狂），讓讀者遭遇了另一種戰爭難題。

●債務與索討

在台灣人的記憶中，最著名的台籍日本兵應該是史尼育晤（Suniuo，都歷部落阿美族人，日本姓名中村輝夫，漢名李光輝）。1974 年，印尼的摩洛泰島上，藏匿在叢林中，失蹤長達三十一年的原日本陸軍一等兵史尼育晤被發現，與外界斷絕聯繫的他，連日本戰敗了都不曉得。他的現身引起了日本與台灣的轟動，也帶動了一連串的戰爭求償運動，留下了許多相關的回憶與證言。70 年代中期之後，民間與日本官方進行戰爭債務追討的相關運動，除了讓原本被掩蓋許久的戰後責任歸屬與相關議題，重新浮出水面，喚起戰爭世代台灣人的記憶，也使未曾經歷過戰爭的世代，重新意識戰爭所遺留下的問題，重新與父輩的戰爭記憶接合。

　　軍郵追討運動，可以回溯到 1974 年 11 月，「中華民國台灣地區台籍同胞日據時期存放日本軍郵局儲金討還代表團」，以及在日本的台灣同鄉會副會長王育德等人促成的「台灣人原日本籍士兵補償問題思考會」。然而經歷將近二十年的努力，求償運動最後卻以失敗告終，也反映了戰後中日外交關係、戰爭責任歸屬的複雜性，以及戰後台灣政府對於台籍日本兵問題的忽視與迴避。宋澤萊的〈最後的一場戰爭〉，李雙澤的〈終戰的賠償〉，即是此一時空背景之下所創作的作品。這些作品不只描寫原台灣人日本兵 70 年代中期之後追償運動，在實體債務責任的追還與補償之外，戰爭的記憶也不斷地重新引入、填補當前的歷史空白，在這些文本中，等待補償的不只是金額，亦是曾被跳過的、空白化的時間。

　　宋澤萊的〈最後的一場戰爭〉小說主人公福壽伯，在太平洋戰爭期間以石油開採技師的名義徵召至婆羅洲。返鄉的福壽伯刻意隱藏戰爭的創痛，「不要去觸及他，就什麼都好了。」然而他妻子的兩名兄長，卻是戰爭的未歸人。福壽伯在妻子的慫恿之下，「在十一月七日張羅一些錢跑到登記處去過了名，政見的第一條就寫上：協助台胞軍伕討回日軍軍郵。」這篇小說觸及了許多層面的戰爭「債務」與餘留：宋澤萊對於父親與同世代戰爭經驗者的敘述慾望、福壽伯代替妻子完成「亡兄」、以及抽象的十八萬「袍澤」未能償付的心願。作家在軍郵追討運動後書寫戰爭債務，所意圖銘刻的不僅

只是「索討」的歷程與政治意涵，記憶的責任也意味著傳承。在李雙澤的〈終戰の賠償〉之中，也以另一種方式來顯現「歷史債務」清償之艱難。他以日本「戰歿遺族」前往菲律賓慰靈的事件為主軸，並且安排種種混語、翻譯、轉述的情境，以及種種搖擺在真實與欺瞞間的「賠償」，帶出極為尖銳的「戰後性」思考。〈終戰の賠償〉的特殊性在於，李雙澤並非訴諸戰爭記憶的重現，或戰爭經驗者殘留的創傷，來完成這篇以「悼祭」為出發點的小說。他反而刻意在重回戰場的「慰靈過程」中，突出戰爭經驗翻譯與傳達的間隔，指涉著「哀悼」與「再現」本身的限制。

與台籍日本兵相關的課題，還有在國共戰爭時期前往中國戰場的台籍老兵。2008 年 5 月 20 日許昭榮先生為抗議政府的漠不關心而自焚身亡，他長期為台籍日本兵、台籍老兵，以及在戰爭中受到不公對待之人權益奔走。「戰爭與和平紀念公園」於 2009 年 5 月 20 日落成啟用，紀念戰爭時期被徵召至東南亞、中國戰場，參與各項戰爭的台籍士兵。許昭榮先生的離世是激烈的提示，目前戰爭雖已遠，但歷史的理解與追問，並非某個世代獨有的責任。《超級大國民》在終戰五十年後的 1995 年上映，至今二十餘年過去，我們有了巴代的《走過》、湯湘竹的紀錄片《路有多長》、吳明益的《單車失竊記》、蘇碩斌策劃的《終戰那一天：台灣戰爭世代的故事》，或者是《臺北大空襲》、《高雄大空襲》的桌遊，以不同

的書寫與實踐方式，讓我們的史觀不再被單一的歷史敘述所綑綁，也讓關懷戰爭的視角從國家政治移轉到常民的身體與日常，同時也納入了不同族群的戰爭經驗差異。觀看《超級大國民》時，重新思考台籍日本兵、乃至台灣人如何思索戰爭、再現戰爭，所面對的，是記憶、身體、暴力與不義的重量，以及承接的各種可能。

補償條例

文／孫世鐸

教學提示：

① 國家系統性的人權侵害，是否適合以個案式的司法救濟平復對人民的傷害？

② 國家應該賠償行使武裝暴力的政治犯嗎？

參考資料：

財團法人戒嚴時期不當叛亂暨匪諜審判案件補償基金會編，《戒嚴時期政治案件之法律與歷史探討》，戒嚴時期不當叛亂暨匪諜審判案件補償基金會，2001

吳宥霖，《戰後台灣政治案件之補償與平反——以「二二八基金會」與「補償基金會」為核心》，國立台灣大學國家發展研究所碩士論文，2006

許毓文，《台灣戒嚴時期政治案件之補償與平反》，國立台灣大學國家發展研究所碩士論文，2007

台灣民間真相與和解促進會，《記憶與遺忘的鬥爭：台灣轉型正義階段報告》，衛城出版，2015

何友倫，《解嚴後政治犯司法不法之平復——以確有（叛亂）實據為核心》，台灣大學法律學碩士論文，2018

在《超級大國民》片中,演出了主角許桑對妻女心懷愧疚的情節,這樣的情節在許多政治受難者家庭中都常發生,也對台灣轉型正義工作推動過程中一個相當關鍵的環節——補償,產生了重要的影響。

● 賠償與補償

參照〈平反運動〉詞條,我們可以理解二二八平反較諸白色恐怖平反更早進入到台灣公眾的視野,而針對受難者進行賠償或補償的訴求也相同,二二八的部分較早為社會所倡議。首先,我們必須先釐清「賠償」和「補償」的差異:一般而論,「賠償」指的是在受害一方訴求賠償的事件中,負責賠償的一方對於受害方是基於故意或過失造成損害;「補償」指的則是在受害一方訴求補償的事件中,負責補償的一方對於受害方並非基於故意或過失造成損害,但仍然需要負起責任的情況。

如果放在國家需要對人民進行賠償或補償的例子來看,《憲法》第 24 條規定「凡公務員違法侵害人民之自由與權利者,除依法律受懲戒外,應負刑事與民事責任。被害人民就其所受之損失,並得依法向國家請求賠償。」顯示了國家若對人民進行賠償,就代表政府承認「違法侵害」的事實;另一方面,國家為了公益目的的合

法行為，卻造成人民權利的損失，就必須給予補償。舉例來說，政府為了興建捷運而向人民徵收私有土地，就必須向地主補償損失。

　　1992 年，行政院公布「『二二八事件』研究報告」，民進黨籍立法委員謝長廷也在同年提出法案，要求對二二八受難者進行「賠償」的法案，民進黨也強調並且堅持國家對受難者應該是進行「賠償」而非「補償」，這顯示他們認為在二二八事件中，政府是蓄意屠殺台灣人民，而非僅僅為合法行為造成的人民損失負責，這呼應了二二八平反運動中「公布真相，平反冤屈」的訴求。換句話說，如果國家確定是對受難者進行「賠償」，也就在某種程度上正視並承認了自己過去的錯誤。但提案時定名為《二二八事件處理及賠償條例》的法案，最後到 1995 年在國民黨仍是多數的立法院表決後，還是更名為《二二八事件處理及補償條例》三讀通過，以確保二二八事件發生時，政府作為的正當性。條例施行後，政府開始處理二二八受難者的「補償」事宜，直到 2007 年，立法院才將此法案名稱又改回《二二八事件處理及賠償條例》，真正彰顯二二八事件本身「違法侵害」的性質。而由於二二八事件本身的突發性質，死傷人數無法有絕對精確的估算，隨著新事證的發現可能又會有尚未申請賠償的受難者出現，因此《二二八事件處理及賠償條例》受理賠償作業的時限也一直延長，目前將會持續到 2021 年。

　　《二二八事件處理及補償條例》通過後不久的 1997 年，一群
政治受難者組成「五十年代白色恐怖案件平反促進會」，並和具有
政治受難者身分的民進黨籍立法委員謝聰敏合作，提出了針對白色
恐怖受難者的補償法案。法案得到跨黨派立委的支持，和有「外省
人的二二八」之稱的澎湖七一三事件開始逐漸為人所知有很大關
係。

● 《戒嚴時期不當叛亂暨匪諜審判案件補償條例》之立法始末

　　相對於受難者大多數為台籍人士的二二八事件，已經得到國
家重要的補償作為，白色恐怖受難者中有相當比例為外省籍人士，
此時則未得到社會重視。然而，儘管在立法院有相當多委員支持，
補償白色恐怖受難者的法案仍遭到強力阻擋。一方面，行政院希望
透過修改《國家安全法》第 9 條，讓受難者可以個別透過重新上訴
的方式，確認無罪之後，國家再個案進行補償；另一方面，國民黨
中仍有許多所謂的「軍系立委」，他們認為一旦制定補償法案，就
徹底否定了過去政府戒嚴的正當性，這和他們一向「反共」的意識
型態無法相容。

　　面對行政院的反對，提案立委和受難者團體儘管確實對修改

《國家安全法》第 9 條，進而透過上訴撤銷前科有所期待。 參考：
〈平反運動〉 然而，他們欠缺足夠的文件與檔案可以上訴，遑論已
經被槍決的受難者，根本無法上訴。若要上訴無罪後，國家再個案
進行補償，可說遙遙無期，因此仍然積極推動法案。但法案在委員
會審查完畢，進入到朝野協商的階段後，反對法案的國民黨立委又
強調，只有被冤枉的受難者才可以得到補償，如果確實有涉入叛亂
行動或作為「匪諜」的人則不能被補償，不然他們就要杯葛法案。
如同前述，這當然是為了肯定戒嚴的正當性，也更加強化了「補償」
所指涉之，「白色恐怖只是政府合法行為造成受難者的損失」這樣
的敘述框架。然而，為了避免法案遭到杯葛，提案委員和受難者團
體只能以先求有再求好地退讓，讓法案通過。於是，1998 年經立
法院三讀通過的《戒嚴時期不當叛亂暨匪諜審判案件補償條例》
（下稱補償條例）便納入了關鍵的第 8 條第 2 款：「依現行法律或
證據法則審查，經認定觸犯內亂罪、外患罪確有實據者」不得申請
補償。

　　這樣的立法結果可說奠定了台灣民主化後，社會整體對於白
色恐怖歷史的主流敘事──國民黨政府為了保衛台灣不受中共入
侵，所以發布戒嚴令以及進行白色恐怖統治，這都是出於時代的必
然。儘管有許多人因此蒙冤也是沒有辦法的，只好現在給予他們補
償。至於本來就是匪諜的人，自然沒有給予補償的必要。

　　對於政治受難者而言，接受這樣的立法結果也是相當不得已
的選擇。原本對他們而言，必須被徹底否定的是國家以長達 38 年
的戒嚴體制對付人民，這種統治方式的正當性本身就應該被挑戰。
▼ 參考：〈戒嚴體制〉 然而，無論哪一個年代的白色恐怖受難者，出獄
後普遍都受到社會歧視，除了少數機運較好的人，許多人的生活條
件都不理想，加上前述對家庭長年的虧欠感，都讓他們對於補償感
到非常迫切。在這樣的情況下，只好勉為其難接受法案。

　　也因此，在「確有實據」者必須被排除補償資格的前提下，
受難者團體開始討論，無論在面對補償案件審查，或是接受訪問口
述歷史時，都要盡量將自己的遭遇導向冤、假、錯案，一方面可以
獲得補償，另一方面也可以避免同案的難友因為自己對案情的坦
白，而可能無法獲得補償。事實上，相對於二二八事件很早就被台
灣社會認知為國民黨政府的迫害（傾向台灣主體立場的人會使用更尖
銳的「屠殺」），受難者有其鮮明的被害形象；白色恐怖由於包含
了許多 50 年代初期中共在台地下黨的案件，對於習慣使用國民黨
為大家建構的視野觀看歷史的台灣社會而言，自然會較不容易認同
對受難者的平反，畢竟，他們都是可能導致中共「赤化」台灣的「匪
諜」。在這樣多重因素的影響下，補償條例讓這些本來可能是對國
民黨戒嚴統治採取英勇抗爭姿態的行動者，都在敘述中逐漸變成了
遭到迫害的無辜被害者。

　　從上述歷程可以看出，由於台灣的民主化工作並非通過戰爭
推翻舊政權，而是透過威權政黨轉型的路徑來完成，正面看待可以
視為一種「寧靜革命」，但從負面看待，就會被評價為一種「分期
付款」式的民主化：白色恐怖統治本身就是高度體制化與系統化的，
但在民主化後，政府內部過去執行白色恐怖統治的人與機制並沒有
被完全清除，因此自然會在社會倡議各種白色恐怖平反工作時多所
抵制，甚或發揮政治影響力去主導相關工作的政策走向，而這種經
過「舊勢力」干預的政策，也會在往後不斷產生負面效應，讓完整
的民主化工作（例如：對戒嚴體制正當性的徹底否定）持續地被拖延。

　　舉例來說，補償條例通過後，《國家安全法》第 9 條的修正
仍舊被擱置，政治受難者持續處在身為「前科犯」的狀態，直到
2017 年《促進轉型正義條例》（下稱促轉條例）公布施行後，他們
的有罪判決才通過立法的方式被撤銷。然而在此產生了一個問題，
《促轉條例》認定可被撤銷有罪判決的政治受難者，主要是曾經接
受二二八賠償或補償條例補償的人，但正如同前述，儘管多數白色
恐怖受難者盡量將自己的遭遇導向冤、假、錯案，仍有極少數被審
定為「確有實據」的受難者未能領到補償，自然也就不能在促轉條
例施行後被撤銷有罪判決，儘管《促轉條例》提供了未受補賠償受
難者可以提出聲請的途徑，但我們可以看出二十年前國民黨立委以
杯葛法案換取的「確有實據」除外條款，確實對白色恐怖平反造成

了深遠的影響。

　　更有甚者，由於晚近許多 50 年代的政治受難者開始願意陳述他們如何參與中共地下黨的組織發展工作，加上中共為了爭奪台灣白色恐怖歷史的詮釋權，而在 2013 年在北京西山建立了「無名英雄廣場」，紀念中共官方所稱在 1949 年前後被派遣入台，被國民黨政府處決的一千一百多名幹部。在前述白色恐怖歷史的主流敘事框架影響下，讓台灣社會有了另一種看待白色恐怖統治受難者的聲音：在《促轉條例》撤銷他們罪名的同時，有許多人說：「為什麼要為匪諜撤銷罪名？」我們可以說這樣的直覺反應落入了國民黨長年設定的「戒嚴即合理」思考框架，認定只要是背叛國民黨政府（在此處被代換為抽象的「國家」）的人，都是有罪的。

　　此外，即使是傾向台灣主體立場思考的人，儘管反對國民黨，許多人也會因為認為 50 年代的政治受難者有相當比例國族認同傾向與中國統一，而對他們早年的抗爭行動或晚近的平反，抱持較為保留的態度。這可以說仍舊未脫出「戒嚴即合理」框架，忽略了戒嚴體制與白色恐怖統治本身就是一種不法的狀態，民主化後的國家應該徹底否認這種狀態的正當性，而非論斤秤兩地計算在這種狀態下哪些「角色正確」的人應該得到補償和罪名平反，哪些「角色錯誤」的人則不。

　　2019 年，負責執行《促轉條例》的促進轉型正義委員會公布
了一支影片《不是自己寫的日記》^{（註）}，他們邀請三位在 80 年代
曾經參與社會運動而被情治系統跟監的人，閱讀「自己的檔案」，
並將過程拍成紀錄片。2016 年民進黨第二次執政後，大規模向許
多政府機關徵集戒嚴時期的政治偵防檔案，發現為數甚多的社會運
動和民主運動參與者都有一卷屬於自己的檔案。這支影片引起很大
的迴響：原來「白色恐怖」並不僅僅是在遙遠的 50 至 60 年代，有
一群人被抓去關、被槍決如此而已，在離我們如此近的 80 年代，
還有這麼多人被監控，也還有這麼多人在做監控工作。換句話說，
在這個巨大的加害體系中運作的許多人，至今仍然和我們共同生活
在這個社會中，但不為人知，而他們可能至今都仍相信當初只是在
為國家進行「保密防諜」的工作，毋須被究責。當政府不承認過往
「違法侵害」的事實，只給予受難者個體金錢上的補償，那麼白色
恐怖造成的社會集體信任感破損，乃至今日一般大眾對政治活動的
負面觀感，皆難以被修正。

　　這是「分期付款」式的民主化所帶來的後遺症，特別是在「不
徹底否定戒嚴的正當性、只補償受害者」而且「只補償角色正確的
受害者」這樣的思考框架下，台灣社會也開始衍生出一種每當討論
轉型正義工作時，就直覺反應「他們不是都已經領到補償金了嗎？
還想要怎麼樣？」的聲音。其實，二二八或白色恐怖的受難者，無

論他們的意識型態或國族認同如何，都是有血有肉的人，有他們所身處的歷史情境，和屬於他們個人的人性與情感。他們不僅是領取賠／補償金的受害者，也是在特定時空下實踐一己理想的行動者。如果過去「戒嚴即合理」的思考框架影響了我們看待他們的方式，今日的當務之急，應該是重新審視這些不同時代的行動者選擇了哪些思想與實踐方法，以對抗當時壓迫台灣社會的威權統治與加害體系，而這些思想與實踐方法可以對我們今日的政治生活和未竟的民主化工作帶來什麼啟發。

註：請見 https://www.youtube.com/watch?v=q3jZ97mWwYQ，2019/11/11 引用。

平反運動

文／孫世鐸

教學提示：

1 什麼是平反？

2 政治受難者們的平反目標為何？他們遭遇到什麼困難？

參考資料：

台灣民間真相與和解促進會，《記憶與遺忘的鬥爭：台灣轉型正義階段報告》，
衛城出版，2015

吳聲潤自撰、受訪，曹欽榮採訪、整理，《228之後祖國在哪裡？》，台灣遊
藝，2018

龔昭勳，《Todes Märsche死亡行軍──從神童到火燒島叛亂犯》，前衛，2018

蔡焜霖口述、蔡秀菊記錄撰文，《我們只能歌唱：蔡焜霖的生命故事》，玉山
社，2019

　　《超級大國民》的時空設定在 90 年代，也就是解嚴（1987）後的台灣。片中，主角許桑四處尋訪和他同樣身為 50 年代白色恐怖政治受難者的難友，這樣的故事情節其實和現實十分吻合。只是，許桑訪友是為了追問他以為成功逃脫的前輩究竟如何又被捕，而在現實中，政治受難者在解嚴後重新聚集起來，卻另有一個相當重要的目標：平反。

　　一般談到「平反」，指的是在法律上的意義：一個人如果被司法判決有罪，但日後證實判決有誤，他是冤屈的，國家就有責任承認這個判決的錯誤，還給當事人清白。但還有一種平反，指涉的是政治上的意義：國家在不民主的時期，以各種手段鎮壓，甚至殺害人民，或者以欠缺依據及正當程序的方式逮捕、審判人民；民主化之後，社會往往會興起為被迫害者「平反」的呼聲，這樣的平反，除了還給當事人清白以外，也具有國家承認過去的作為錯誤，為其道歉反省的意涵。

　　在台灣，當我們談到政治意義上的平反，一般指向的是影響台灣戰後政治與社會發展最為深遠的兩件事：一是發生在 1947 年的二二八事件，二是在二二八事件之後，政府為了掃蕩反對者，展開「清鄉」，因此從 40 年代末期開始，一直延續到 90 年代初期的白色恐怖統治。

　　從我們如何描述兩者的「發生時間」，就可以看出兩者具有相當不同的性質：二二八事件歷經的時間較短，較具突發性質，而且有許多受難者因死於軍隊的射殺，所以並沒有留下司法審判紀錄；白色恐怖統治歷經的時間則相當長，受難者無論被囚禁或處決，都歷經逮捕、偵訊、軍法審判的過程，因此具有相當系統化、體制化的性質。此外，二二八事件的受難者以台籍社會菁英為主，例如銀行家陳炘、哲學家林茂生、畫家暨參議員陳澄波、參議員林連宗、王添灯、潘木枝、醫師施江南、律師湯德章、檢察官王育霖等等；白色恐怖統治的受難者面貌則相當複雜，涵蓋了本省與外省族群、左派或右派的意識型態、乃至統獨等不同的國族認同。在這樣的差異影響下，二二八與白色恐怖的平反，從發軔、推動、訴求到落實，都呈現相當不同的面貌。

●平反二二八

　　在戒嚴期間（1949-1987），無論二二八事件或白色恐怖統治，都是不能公開談論的話題，一般人也沒有機會取得相關的檔案或史料。因此，即使是受難者本人或家屬，對事件也只有以自己遭遇為基礎的，相當模糊的認識，遑論一般大眾。此外，受難者家屬因為恐懼，無論對子女、親戚或朋友，對受難遭遇也都諱莫如深。舉例來說，陳澄波在二二八事件後參與嘉義的「二二八事件處理委員

會」，協助與官方調停，卻在 3 月 25 日在嘉義火車站前被槍決。
此後，陳澄波的家人不僅將他的畫作都藏匿起來，因為害怕連累友
人，更把他與友人的書信，藝術家朋友（如林玉山）所贈的書畫，
也都通通藏起來。即使到了 1979 年，陳澄波的家人終於敢公開畫
作，並舉辦「陳澄波遺作展」，媒體報導依舊對他的死因隻字不提。

　　但到了 80 年代，隨著各種社會運動與民主化的呼聲興起，「平
反二二八」也成為其中重要的訴求之一。1986 年 9 月民主進步黨
成立時，就在行動綱領第 51 條寫下：「公佈二二八事件真相，並
定該日為『和平日』，以期化除省籍歧見。」解嚴前夕的 1987 年初，
也就是二二八事件四十周年，政府已經無法再阻擋民眾走上街頭。
從 1987 年的二月底到三月初，在全台各地都有以平反二二八為訴
求的集會活動，平反運動的發起者多數於 40 年代出生，當時正值
壯年的民主運動參與者如陳永興、李勝雄、鄭南榕等，他們此時的
訴求是「公布真相，平反冤屈」。

　　「公布真相」顯示了平反運動參與者認為二二八事件的全貌
仍然甚為模糊，政府若公開相關檔案史料，才能藉由個別受難者的
遭遇，拼成完整的歷史真相。如同前述，有許多受難者並沒有留下
司法審判紀錄，所以「平反冤屈」的訴求主要並不在法律上罪名的
平反，而是訴求政府以國家高度，正視曾有大量台灣人受到政府屠

殺的歷史事實，並實質確認受難者的冤屈。由於成為民主運動的一
部分，二二八平反運動和各種關於二二八事件的討論很快進入大眾
視野。1989 年 10 月，電影導演侯孝賢以二二八事件為故事主題的
作品《悲情城市》，在義大利威尼斯影展拿下最大獎金獅獎時，
來到了台灣社會渴求認識這段歷史的高峰。1992 年，行政院公布
「『二二八事件』研究報告」，1995 年，立法院三讀通過《二二八
事件處理及補償條例》 ▼ 參考：〈補償條例〉 ，二二八平反也有了階段
性的成果。

● 白色恐怖的平反運動

相較於二二八平反的倡議和民主運動高度重合，白色恐怖的
平反則略晚才由曾受迫害的政治受難者所組織的團體開始推動。事
實上，60 年代開始，政治受難者在出獄後便互相聯繫、支持，形
成網絡。在戒嚴時期的台灣社會，所謂的「政治犯」出獄後，不僅
持續受到政府的監控，也會飽受各種歧視的眼光，無論求學、求職、
租屋等等，時常四處碰壁。因此，若其中有人的機運較好，得到了
比較理想的工作機會，也會盡可能協助稱之為「同學」的難友。舉
例來說，從 20 歲入獄到 30 歲出獄的政治受難者蔡焜霖，在 36 歲
時創辦《王子》漫畫雜誌，就邀請了許多剛出獄的「同學」到雜誌
社工作。但可以想見，在戒嚴時期，出獄後的政治受難者，光是要

重新建立家庭和適應社會就已經相當不容易，再加上當時社會的客觀環境也還不允許，要開始組織團體訴求平反是很困難的事。

　　直到 1987 年，一群政治受難者組成「台灣地區政治受難人互助會」，一方面如同前述，希望協助政治受難者的就業與生活等問題，一方面也開始思考如何推動平反。但由於互助會成員的意識型態傾向兩岸統一，不一定受到所有政治受難者認同，因此這個時期的平反運動尚未有太大的進展。同樣在 1987 年，另外一群政治受難者組成「台灣政治受難者聯誼總會」，1993 年 5 月，政治受難者曾梅蘭意外發現埋葬數百位政治受難者的六張犂墓區 ▼ 參考：《第六十九信》〈六張犂墓區〉 ，引發社會關注，聯誼總會便成立「白色恐怖時代受難平反權益委員會」，首次系統性地提出包含安頓死者、復權、賠償、道歉、懲兇等五大訴求的「政治受難者平反計畫」。這可以說是台灣史上第一份完整而公開的白色恐怖平反計畫，儘管後來並沒有實現，但我們可以稍加檢視這五個訴求，理解「平反」對白色恐怖政治受難者的真實意義何在。

● 五大訴求：安頓死者、復權、賠償、道歉、懲兇

　　一個白色恐怖的政治受難者可能會有哪些遭遇呢？首先，由於《懲治叛亂條例》讓政府有依據沒收政治犯的財產，因此他在入

獄的時候財產會被沒收，他的家庭也會完全失去依靠；其次，他如
果被槍決，他的家人也可能因為畏懼被入罪，或無法負擔領回遺骸
的費用等等原因，而沒有將他的遺體領回安葬。因此，「安頓死者」
指的當然是重新為死者安葬，也讓家屬有可以祭拜的地方。

　　再者，他即使有幸生還，出獄重返社會，也會因為曾被判決
犯刑法內亂、外患罪確定，而在許多工作權以及參政權方面皆受到
剝奪。舉例來說，《公務人員任用法》第 28 條規範了不能擔任公
務人員的條件，當時就仍包含「曾犯內亂、外患罪，經判決確定
者」；更有甚者，由於《國家安全法》第 9 條規定，戒嚴時期「經
軍事審判機關審判之非現役軍人刑事案件」（白色恐怖的政治案件多
數屬之），已經被判決確定過的都不能再循司法管道上訴，所以他
終身都是「前科犯」。▏參考：〈二條一〉

　　「復權」的部分，以前述《公務人員任用法》為例，平反計
畫建議修正為「動員戡亂時期終止後，曾犯內亂、外患罪，經刑法
判決確定者」，以明確區分政治受難者的「罪刑」是在動員戡亂時
期判決，並且是經由已在 1991 年廢止的《懲治叛亂條例》，而非
經由刑法判決確定，讓受難者能重新獲取基本的公民權。不僅如
此，「復權」也包含了政治受難者被沒收財產的歸還。「賠償」方
面，平反計畫訴求立法院應該比照《冤獄賠償法》（現已修正為《刑

事補償法》），研訂「政治受難者賠償條例」，依據冤獄的天數，給予政治受難者賠償。此外，「道歉」所指是無論總統本人過去是否曾參與白色恐怖統治，總統皆應代表他所繼承的政府，以國家高度向政治受難者道歉。「懲兇」則一方面要求追訴曾在獄中刑求政治受難者的「加害者」，一方面也要求修正《國家安全法》第9條，讓白色恐怖政治案件得以上訴重審，也讓政治受難者重獲清白、不再是「前科犯」。

　　從上述二二八和白色恐怖事件性質與平反訴求的差異可以看出：二二八因為事件中的受難者大多沒有留下司法審判紀錄，平反更多是基於精神的而非法律的訴求；又因為受難者以台籍社會菁英為主，平反運動結合了80年代民主運動，由運動領袖發起，隱含了台灣認同與台灣人共同歷史情感的召喚，這種召喚型塑了二二八平反運動的主要動力。相對來說，白色恐怖因為高度系統化與體制化、受難者歷經軍法審判，平反相當著重法律面向，並且期待恢復受難者所損失的各種基本權益；又因為白色恐怖統治歷時太長，不同年代的案件受難者族群和意識型態更是南轅北轍，受難者團體間常有不同意見，一方面讓平反運動的進程延緩，一方面也不容易像二二八平反一樣，成為主流政治的重要議題。在這樣的背景下，前述的「政治受難者平反計畫」也未能實現。

● 初步成果

　　不過，同樣在 1993 年，具有政治受難者身分的民進黨籍立法委員謝聰敏仍然積極提出《戒嚴時期人民受損權利恢復條例》，期待經重審判決無罪確定的政治受難者能夠請求發還過去被沒收的財產。條例在 1995 年 1 月公布施行後，謝聰敏又提出《國家安全法》第 9 條修正案，希望解除戒嚴時期刑事裁判已確定案件不能上訴的限制，讓受難者有上訴，進而得到無罪判決，並依據《戒嚴時期人民受損權利恢復條例》請求發還財產的機會，但修正案遭到國民黨立委封殺，也讓財產發還始終未能實現。到了 1997 年，又有一群政治受難者組成「五十年代白色恐怖案件平反促進會」，並和謝聰敏合作，推動訂定《戒嚴時期不當叛亂暨匪諜審判案件補償條例》（下稱補償條例）。另一方面，對於發生在 1949 年，被稱為「外省人的二二八」的澎湖七一三事件，社會也在此時有了為其平反的呼聲，因而讓國民黨籍的立委葛雨琴和新黨籍的立委高惠宇，都加入謝聰敏的行列。由於有跨黨派立委的支持，《補償條例》終於在立法院三讀通過，也在 1998 年公布施行。直至此時，白色恐怖平反才有了相當初步的成果 ▼參考：〈補償條例〉。

　　然而，受到《國家安全法》第 9 條箝制，政治受難者仍然背負前科，且無法申請財產發還。直到 2016 年，由立法院民進黨團

提出《促進轉型正義條例》（下稱促轉條例），考慮到在世的政治受難者普遍年事已高，且若重新上訴，若以既存的政府檔案作為主要證據，在法庭上不一定對受難者有利，因此在第6條條文中決定，曾接受二二八賠償或《補償條例》補償的政治受難者，他們的有罪判決從促轉條例施行那天開始就視為撤銷，而若有認為自己是政治受難者，但之前未曾受賠償或補償的當事人，也可以聲請由促轉會認定。至 2019 年 7 月為止，已經有 20 位未曾受賠償或補償的政治受難者有罪判決被撤銷。在《促轉條例》施行之後，政治受難者終於不再是「前科犯」。而在財產發還方面，《促轉條例》第 6 條也也要求促轉會規劃沒收財產的處理方案，但由於白色恐怖歷時甚久，過去被政府沒收的私產如今也可能有複雜的產權移轉，未來究竟能夠如何處理，仍在未定之天。

　　從本文所述的歷程來看，無論是以受難者權益恢復為核心、著重法律面向的平反，或是以召喚社會認同與集體記憶為核心、著重精神面向的平反，在 80 年代末期至今的台灣，都歷經漫漫長路，而且仍有許多未竟之功，社會大眾對於「為何平反」、「如何平反」也依舊甚為陌生。事實上，平反雖然表現為受難者個人權益或名譽的恢復，然而這些表現其實還有更深的象徵意涵，也就是國家願意承認並反省自己曾犯下的錯誤，進而對公權力行使的節制有所體認，避免再犯。未來，透過各種平反行為（撤銷罪刑、

發還財產等等）意涵的持續敘說，讓社會也能正視這樣的象徵意涵，維持對國家權力濫用的警戒，將是台灣轉型正義工作下一階段的重要任務。

黑金政治

文／孫世鐸

教學提示：

1 電影中有大量對90年代政治活動的描繪，例如：主角女婿稱現在搞政治不如主角的時代靠理想而是長遠的「投資」、「政治是生意」。對於主角而言，當年因為參加讀書會或地下組織，所想要追求的政治是什麼樣的？對比於90年代的街頭運動、地方基層賄選、國會肢體衝突，我們應該如何理解民主化之後的政治發展？

參考資料：

陳明通，《派系政治與台灣政治變遷》，月旦出版社，1997
李永熾口述、李衣雲撰文，《邊緣的自由人：一個歷史學者的抉擇》，游擊文化，2019

　　《超級大國民》完成於 1994 年，也就是 1996 年台灣首次全民
直選總統，以及台海飛彈危機的前夕。此時的台灣社會混雜了許多
的興奮與不安：在 1994 年的台北市長選舉中，民進黨籍的陳水扁
擊敗國民黨籍的黃大洲和從國民黨分裂而出的新黨籍的趙少康，拿
下自從官派後首次民選的台北市長寶座，迎來 80 年代以來民主化
與本土化運動的第一個高峰。

　　1995 年 6 月，從 1988 年蔣經國辭世後即繼任總統的李登輝訪
問美國，並在母校康乃爾大學畢業典禮演講，不僅打破了從 1979
年中美斷交以來未有中華民國最高層官員訪美的慣例，李登輝更在
演講中首次提出「中華民國在台灣」的政治論述，形同斷絕台灣與
中國連結，因而讓中國政府在 1995 年 7 月到 1996 年 3 月台灣總統
大選之間，數度試射飛彈並進行軍事演習，引發台海飛彈危機，喚
醒了台灣社會自 1958 年八二三炮戰以來，遺忘已逾半世紀的戰爭
記憶。

　　另一方面，1994 年 12 月，流氓出身，曾公開說「過高屏溪，
殺人無罪」的屏東縣議長鄭太吉，持槍射殺因為地方賭場與特種行
業經營利益問題而生糾葛的仇家，卻毫無地方媒體敢報導，檢察官
調查甚至請求警察保護，這是所謂「黑金政治」首次以具體事件呈
現在全國性新聞版面，也深深震撼了台灣社會。

　　總統直選的熱望、台海危機的不安、黑金政治的驚懼，這是
90 年代台灣政治的多音交響。

●戰後台灣政治的發展歷程

　　《超級大國民》片中，主角許桑的女婿蔡添才，被導演用於
象徵 90 年代台灣的黑金政治，映照許桑與同代政治受難者身為 50
年代理想主義青年的形象。然而，如果我們以 90 年代台灣多音交
響的政治背景作為觀察座標，會發現這樣的映照其實有更深刻的意
涵：台灣的政治，有兩種深刻的症候，黑金政治讓一般人留下了「政
治就是官商勾結、利益輸送」的印象，進而驅動人民對政治反射性
的厭惡，白色恐怖則讓一般人留下了「普通人參與政治就會飛來橫
禍」的印象，進而驅動人民對政治反射性的恐懼。

　　那麼，黑金政治究竟如何從台灣社會中誕生呢？我們必須重
新回溯選舉在戰後台灣政治的發展歷程，才能窺知一二。

　　事實上，「民主選舉」在戰後的台灣並不是 90 年代才有的產
物。在地方層級的民意代表選舉方面，1945 年，中華民國國民政
府接管台灣後，設立台灣省行政長官公署，隨後就在 1946 年舉辦
鄉鎮市民代表普選，這些代表選出縣市參議員，縣市參議員進而選

出台灣省參議員。另一方面，在中央層級的民意代表選舉方面，1947 年底和 1948 年初，國民政府則分別舉辦了國民大會代表和立法委員選舉。但此次選舉產生的國代和立委，因為後來中華民國政府遷移來台，無法辦理全國改選而無限期延任，也形同中央民意代表選舉在台灣遭到凍結。直到 1992 年立法委員全面改選前，都只有因為台灣人口增加，或者立委過世造成缺額，而辦理的增額補選。

　而在地方層級的公職人員選舉方面，1947 年二二八事件發生後，由前述的國民大會代表、台灣省參議員、台北市參議員，以及社會各界代表所共同組成的「二二八事件處理委員會」，在 3 月 7 日向行政長官公署提出的《三十二條處理大綱》中，就已經包含「縣市長於本年六月以前實施民選」。儘管《三十二條處理大綱》遭到當時的行政長官陳儀斷然拒絕，但在二二八事件的屠殺與肅清後，為了安撫台人，在 1950 年 3 月，蔣介石宣布「復行視事」並回任總統；同年 6 月，韓戰爆發後，國民黨政府仍開始推動縣市長選舉，也藉此向已派遣第七艦隊通過台灣海峽的美國展現民主。然而，從 1949 年頒布戒嚴令之後，國民黨政府便已禁止新政黨的籌組，只有隨中華民國政府遷台的中國民主社會黨和中國青年黨兩個政黨可以合法活動，許多社會聲望深厚的台籍仕紳如吳三連、楊基先、葉廷珪、陳新安等，都僅能以無黨籍身分參與此次選舉，讓戒嚴時期

的台灣地方選舉始終維持著這種「不對等競爭」的狀態。

另一方面，韓戰爆發後也是蔣介石政權白色恐怖統治的高峰，大量的中共地下黨案件在這個時期發生，顯示了蔣政權一方面以地方選舉攏絡民心、營造民主表象，一方面也持續掃蕩中共的在台組織，以恩威並施的方式維繫政權。 ▼參考：《第六十九信》〈韓戰〉、〈郵電工作委員會〉 50 年代初期，在日治時期就積極參與自治運動的 40 至 50 歲左右台籍仕紳，開始以投入地方選舉的方式影響台灣政治；與這些仕紳同輩的社會運動者，以及比他們年輕一輩的知識青年，則有許多人因為懷抱理想而投身中共地下黨，最後遭到蔣政權的全面肅清。

透過地方選舉與國民黨搏鬥、或加入中共地下黨的組織活動，這是 50 年代台灣人政治參與的主要輪廓。

●什麼是地方派系？

除了在二二八事件中屠殺台籍菁英、在 50 年代同時推動地方選舉與白色恐怖統治之外，國民黨政府繼續鞏固統治的方式，還有透過包括 1949 年的三七五減租、1951 年的公地放領、1953 年的耕者有其田等連串所謂「土地改革」政策，徹底瓦解台灣的地主體制，

也瓦解地方原有以鄉紳為核心的政治社群。許多擁有土地但稱不上地主階級的家庭難以維生，只好離開農村，去都市尋求機會，進而造成 60 年代台灣的都市化發展：台北市在 1967 年升格為直轄市時，人口突破百萬人；同時，這些失去原有土地的移民也有許多湧入台北縣（今新北市）內鄰近台北市的永和、中和、三重、新莊等區域，讓台北縣的人口也在 1966 年突破百萬人。

這些移民在土地被徵收的時候，得到政府給予四大省營公司（水泥、紙業、農林、工礦）的股票，同時隨著 1954 年「台灣省證券商管理辦法」制定，讓他們能夠透過民間行號將股票售出，進而得以在都會區建立低成本的小工廠，形成後來造就台灣經濟奇蹟的中小企業；此外，由於這些中小企業主漸漸形成新興中產階級，對於戒嚴時期像是申請出口外銷，都需要不停送紅包打通關卡，這種人治而非法治的運作感到不滿，因此他們也是 70、80 年代黨外運動與民主化運動最重要的支持者。

在地方原有的政治社群逐漸瓦解後，國民黨既要維持地方選舉的民主表象，又必須維持在選舉中的勝利，如何持續攏絡地方人士就變成相當重要的工作。在系列土地改革政策後，地方逐漸形成以「自己擁有一小塊可耕種農地」的小農為主體的地方社群，有意投入各級地方選舉的人士就必須利用比方說「能夠幫忙喬到政府單

位的工作機會」這種能力,或者是直接買票,來誘使選民投票給他。相對來說,擁有地方人脈連結的人士也就成為國民黨必須積極攏絡的對象,最主要的攏絡方式則是提供各種經濟特權。舉例來說,像是「在這個地區只有你家可以經營這個事業」的作法,包括銀行、信用合作社、青果合作社、農漁會、汽車客運公司等等,都是可以經由政府特許,在某個地區只由某家獨佔經營的產業。或者像是省營銀行的特權貸款,別人借不到的只有特定人借得到。也可能是各級政府公共工程的承攬,像是公共建物興建、造橋鋪路等等。再或者是利用公權力協助掩護非法的經濟活動,像是地下舞廳與賭場等等。

在這樣的攏絡下,國民黨和全台各地的這些「地方派系」逐漸形成互利共生關係,許多其實是代表地方派系的候選人會掛國民黨籍參選,如果遇到強而有力的非國民黨籍候選人,國民黨也會動員地方黨部組織,透過地方派系,以各種手段買票、作票,而讓民間流傳著「選舉無師傅,用錢買就有」這句俗諺。但即使如此,地方選舉仍然是當時台灣人參政非常重要的途徑,雖然也會因此引發國民黨各式各樣的打壓。舉例來說,無黨籍的高玉樹在 1954 年打敗國民黨籍的王民寧,當選台北市長,但到了 1957 年的選舉,開票過程中連連停電,最後敗給國民黨籍的黃啟瑞,留下許多疑點。1964 年,高玉樹又打敗國民黨籍的周百鍊,再次當選台北市長。

於是，1967 年，國民黨政府乾脆將台北市升格為直轄市，市長改為官派，以避免一直無法選贏的窘境（只是高玉樹聲望太高，第一任官派市長還是請高玉樹出任）。

　　和國民黨合作獲取由統治者分配的利益、或在國民黨的全面壓制下盡可能尋找生存空間，這是 60 至 70 年代台灣人無論在政治生活或經濟生活方面，廣泛的生命經驗。

●黑金政治如何成為地方政治的核心

　　到了 80 年代後期，隨著解嚴、開放黨禁與報禁，台灣從只有地方選舉邁向全面的民主化，地方派系擁有民主時代最重要資源——選票，所以不再受限於國民黨分配的政治和經濟利益，而有了真正掌控國民黨實權的可能。舉例來說，伴隨政治民主化而來的是經濟自由化，比方說政府在 1989 年修正《銀行法》，開始開放民間銀行設立，這也讓過去只能在特定區域經營特許事業的地方派系，有了經營更大規模事業的可能性。1991 至 1992 年被核准設立的 16 家新銀行中，至少有聯邦、泛亞、萬泰、華信、大眾、中興等六家是由地方派系投資經營，更有許多地方派系投資經營證券公司、建設公司等等。在台灣股市首次衝破萬點的 1989 年，這些投資讓地方派系擁有更強大的經濟實力，進而可以透過政治獻金，或

者自己參與選舉，擁有比以往更加強大的政治實力。

更有甚者，隨著《憲法增修條文》在 1991 年通過，立法委員終於在 1992 年，以台澎金馬，而非全中國為範圍，進行全面改選。隨著中央民意代表選舉開放，許多地方派系領袖積極參與競選，原本只是被地方派系用於動員買票或以暴力脅迫其他候選人的黑道勢力，也開始想要自己進場當玩家。最鮮明的例子就是前文提到的鄭太吉，他本來是因涉及兩起殺人案而在綠島服刑的流氓，出獄後在屏東地方派系議員郭廷才的支持下當選屏東縣議員，又和郭搭檔競選正副議長，1992 年郭選上立法委員後就由鄭接任議長，進而在 1993 年的縣長選舉中，藉由與有線電視系統合作，大力抹黑當時民進黨籍的縣長蘇貞昌，而讓國民黨籍的伍澤元順利勝選。

這種地方派系被黑道入主的過程，讓地方政治從過去的經濟特權加買票時代，邁入了所謂「黑金政治」的時代；國民黨內也從過去的中央分配利益給地方派系，來到了中央必須與地方派系分享權力的共治時代。從這個過程我們可以看出，由於台灣的民主化並非藉由戰爭推翻舊政權，而是透過威權政黨轉型完成，因此國民黨過去藉著攏絡地方派系鞏固政權的各種作為，在民主化後仍繼續運作，加以中央民意代表選舉開放，讓原本的地方政治人物取得更多晉升機會，才讓「黑金政治」在 90 年代逐漸成為「地方政治」的

核心。許多具有黑道背景的政治人物涉及向農會詐貸或超貸、掏空企業、暴力犯罪、貪污、賄選等各種案件，透過新聞媒體的播送，讓 90 年代的台灣人，普遍產生了參與政治就是參與黑金的負面印象。

股市萬點的狂歡、政商合流的掠奪，這是 80 年代末期到 90 年代初期蔓延全台的熱潮，也是《超級大國民》片中蔡添才身處的世界。

但從本文我們可以理解，無論「許桑式的政治」或「蔡添才式的政治」，其實都是圍繞國民黨政府統治手段而生的產物：白色恐怖源於對理想主義的扼殺，黑金政治則衍生自對地方派系的攏絡；前者為戰後初來乍到台灣的國民黨穩定了政權，後者則讓國民黨在長達三十八年的戒嚴中維繫統治不墜。然而，這兩種政治的遺產都持續存留，至今仍然不斷作用在台灣社會：黑金政治驅動了人民對政治反射性的厭惡，白色恐怖則驅動了人民對政治反射性的恐懼，如果不能解開這兩種症候，讓人民創造自己的政治生活，台灣就不可能成為一個真正的現代民主國家。

電影裡的
人權 關鍵字

超級大國民
Super Citizen Ko

國家圖書館出版品預行編目 (CIP) 資料

電影裡的人權關鍵字：超級大國民 / 蔡雨辰主編 . -- 初版 . -- 臺北市：奇異果文創 , 2020.1
面；　公分 . -- (思影像；2)
ISBN 978-986-98561-3-3(平裝)

1. 人權 2. 影評 3. 文集

579.2707　　　　　　　　　　108022553

策　　畫：國家人權博物館、富邦文教基金會
總 編 輯：陳俊宏
作　　者：曲潔茹、陳之昱、陳佩甄、馬翊航、孫世鐸、路那、蔡雨辰
　　　　　（按姓氏筆畫排列）
編輯委員：冷彬、何友倫、陳俊宏、陳佩甄、孫世鐸、張維修、黃丞儀、
　　　　　黃惠貞、楊詠齡、劉麗媛（按姓氏筆畫排列）
主　　編：蔡雨辰
設　　計：夏皮南
印　　刷：晶華彩印
製　　作：沃時文化有限公司

出版：奇異果文創事業有限公司
地址：台北市大安區羅斯福路三段 193 號 7 樓｜電話：（02）23684068 ｜
傳真：（02）23685303 ｜網址：https://www.facebook.com/kiwifruitstudio ｜
電子信箱：yun2305@ms61.hinet.net

經銷：紅螞蟻圖書有限公司
地址：台北市內湖區舊宗路二段 121 巷 19 號｜電話：（02）27953656 ｜
傳真：（02）27954100 ｜網址：http://www.e-redant.com

初版：2020 年 1 月
ISBN：978-986-98561-3-3 （平裝）
定價：新台幣 240 元